第三帝国

权力的中心

美国时代生活编辑部 / 编

石平萍 / 译

修订本

海南出版社

·海口·

目　录

致读者

首先应当承认，本书的策划并非出自我本人的想法。

事实上，当一小批时代生活图书公司的编辑和作者开始极力主张推出这样一个系列的时候，我的第一反应是："有关第三帝国的话题难道还能有什么新意吗？"

可是，当前往柏林、华盛顿和莫斯科的采访人员逐步发回他们的稿件——私人珍藏的回忆录和相册堆满了我的办公桌——目击者的记录和官方秘藏的文件被——发掘出来之后，我觉得我的疑问已经找到了最好的答案。

我们正在接近一项重大的成果：对纳粹统治下的德国的一个全新的认识——从第三帝国的内部来解剖它。

本系列共有21本。每一本都向您展示了第一手的私人记录、从未发表过的照片、亲历者的回忆录和新解密的官方档案。它们恰如一幅徐徐展开的巨型画卷，将您带回那腥风血雨的黑暗时代，让您仿佛置身于喧嚣狂热的柏林、遍地瓦砾的华沙、燃烧的斯大林格勒、沙尘滚滚的北非，恍如走进了令人不寒而栗的集中营、党卫队的秘密会议室、希特勒的办公室、他的书房和卧室，甚至把握到他的思想动态。每一本都有一个中心主题，整个系列连起来则构成了迄今为止最完整、最细致的"第三帝国史"。

这就是我们所做的工作，让真实的历史说话。

时代生活编辑部主编乔·沃尔

1. 德国的冷血统治者

阿道夫·希特勒 50 岁寿辰庆祝活动的组织者原本希望遇上晴朗的天空——和煦的春日在第三帝国有一个众所周知的名字：元首天气。但是 1939 年 4 月 20 日的凌晨却乌云密布，似乎是为了提醒希特勒的追随者，有些事情连这位帝国所谓的奇迹创造者也难以控制。然而，早上的乌云却几乎没有减弱弥漫于各项活动中的热忱和尊崇。全柏林饰有卐字的教堂钟声轰鸣，召唤人们前去庆祝和膜拜这位以拯救德国为己任的人物的权威和荣耀。正如希特勒的主要助手、陆军元帅赫尔曼·戈林当天上午对这位心花怒放的元首和帝国其他的重要人物所说的那样，在这一天，德国人再次表明了他们相信"阿道夫·希特勒所说的每一句话。上帝在适当的时刻给我们派来了希特勒——现在，我们祈求上帝保护他的安全，保佑他的工作"。

为了突出这个日子的重要性，国家社会主义党政府给工人们带薪放假一天，这样便保证了柏林的大游行——各种精心安排的庆祝活动的高潮部分——有一个声势浩大的队伍。柏林这些天出版的报纸都充溢着对希特勒的颂辞，同时还号召民众大肆庆祝，表达感激之情。礼物从帝国的各个角落涌向总理府：不仅有手枪、

1939 年 4 月 20 日，希特勒在自己的 50 岁生日庆典上亲切地拉着几个儿童的手。希特勒清楚，这样的景象会让人觉得他并不可怕。一个同事写道，希特勒尽量用"一种父爱般的友好态度"对待孩子们，但是他"从来不曾装得特别逼真"。

小刀和匕首，还有一头活着的老鹰——德国权力的象征——希特勒会在他喜欢的巴伐利亚的崇山峻岭间将它放飞。农夫送来了手工制品，家庭主妇送来了烤制的食物。威斯特伐利亚的妇女为元首的士兵织了6000双短袜；一战时元首所在的步兵团穿着旧式的军装拍了集体照，作为历史的见证。

在希特勒50岁生日的前夜，勃兰登堡门（左上）灯火辉煌，准备举行阅兵仪式。在庆典期间，希特勒（右上）接受纳粹核心权力集团成员的祝贺，其中包括他的摄影师海因里希·霍夫

曼（与希特勒握手者）和特奥多尔·莫雷尔医生（在霍夫曼身后等待者）。其他的祝贺者送来了绘画和插在卐字装饰的花瓶里的鲜花，用于装扮刚刚完工的帝国总理府（右下）

纳粹核心权力集团的成员们争先恐后地献上了最有纪念意义的礼物：帝国国家银行行长瓦尔特·冯克送来了提香的一幅作品；与希特勒一样爱好电影的宣传部长约瑟夫·戈培尔为他举办了德国电影节；劳工阵线领导人罗伯特·莱伊送来了最新生产的大众概念车。副元首鲁道夫·赫斯代表全党送来了希特勒的偶像之一、18

9

世纪普鲁士国王腓特烈大帝亲笔撰写的一些珍贵的书信。生日的头一天晚上，元首临睡前聆听了合唱队的演唱，合唱队的成员全部都是他的贴身侍卫，即海因里希·希姆莱领导的党卫队的精锐。第二天清晨元首醒来时，听到的则是把5英里长的凯旋大道挤得水泄不通的200万柏林人嗡嗡的说话声，这条新建的大道壮观气派，从东到西贯穿整个城市。

11点钟，希特勒乘坐敞篷的奔驰车离开了帝国总理府的院子，向凯旋大道驶去；大道两边的石柱顶端嵌着用制型纸板做的镀金雄鹰和卍字，黑色的敞篷车缓缓地行驶着，欢呼声此起彼伏，震耳欲聋。11点25分，元首来到了检阅台，检阅台上已经挤满了纳粹高层官员。接下来在这里，身着朴素的黄褐色纳粹制服的希特勒将笔直地站立4个小时；台下，重新组建的德国军队——他那无处不在的权威的最终根源——踩着威武而庄严的步伐接受检阅。

大道的另一边，超过300个士兵编队随风飘扬的旗帜后面，波兰大使馆的武官坐在外交人员席位上焦急地记着笔记。此时，40000名国防军士兵正步走过检阅台，紧随其后的是骑兵、摩托化部队、牵引车拉着的大炮和100多辆坦克。这位武官的担忧是有充分根据的，因为前不久，希特勒通过军事威慑控制了奥地利和捷克斯洛伐克，波兰正面临着同样的命运。似乎是为了有意突出这一点，受阅的许多坦克都以刚刚并入德意志帝国版图的地方命名——布拉格、卡尔斯巴德、梅梅尔。头顶飞过戈林大吹大擂的空军编队，这些总数为162架的飞机编队预示着未来的军事动态。

德国媒体称这个场面为"世界上最壮观的阅兵游行"。正如戈培尔在致公众的电台讲话中所言，游行展示的军种军备彰显了希特勒的主要成就：德国国力的复兴。"帝国处在德意志之剑的荫护之下。"这位矮小的宣传部长说着悦耳的男中音，喜悦之情溢于言表，"德意志人民意识到，多亏了元首的领导，他们在世界上的地位再一次上升到了当之无愧的高度。"戈培尔声称，现在，地球上没有一个人敢对阿道夫·希特勒的名字无动于衷。

作为纳粹德国最精于歪曲之道的高级官员，戈培尔这辈子终于说了一次真话。在那个4月的上午，不想夸赞希特勒的重要性并不容易。他创造了历史上不多见的、令人难以置信的政治神话，临近了权力的最高峰。几乎不曾有人从如此低贱的出身爬到如此显赫的地位。仅仅20年前，这个世界不仅对希特勒的名字不屑一顾，连是否存在这个人都不想过问。30岁生日的时候，希特勒只是一个无名小辈，一个出生于奥地利、从刚刚结束的一战战场归来的老兵，满腹怨恨，似乎注定一辈子都会徒劳无功地咒骂那些他认为应该对德国的失败负责任的人——犹太人、共产党人以及持失败主义态度、与可恶的协约国握手言和的民主党人。40岁的时候，希

在20世纪30年代的一次外出中，元首和他那才华出众的宣传部长约瑟夫·戈培尔一同为人们签名。希特勒穿着他的纳粹党制服，佩戴着他在一战中获得的铁十字勋章。

特勒已经纠集了一伙追随者，采取对内压制、对外扩张的手段推行德国复兴的恐怖主张。不过此时，他领导的不断壮大的德国国家社会主义工人党的影响力微乎其微——1929 年 4 月，缴纳党费的党员仅约 15 万人——没有几个德国人把他要上台掌权的自我吹嘘当回事。然而在接下来的几年里，随着德国经济跌入了低谷，议会又发生了一系列后果严重的危机，希特勒许诺要让这个动荡不定的国家重建秩序，由此便如磁石一般吸引来上千万新的追随者。到 1933 年，希特勒已经有能力实现他公开宣称的目标：清除"民主的谵妄，促使民众再次认识权威和领袖的必要性"。

那一年，希特勒在德国树立了绝对的权威，这只是在纳粹党争夺权力的决定性的几年里他赢得的至高无上地位的一个延伸。在党内，希特勒的话就是法律；在他稳坐终身总理这把交椅之后，这个所谓的元首准则，或领袖准则，便成了适用于整个德国的规定。当然，并非所有的德国人都对他的极权主义政权表示欢迎。早些时候，数以千计的希特勒的反对者们被关进了集中营，上千万的人受到恐吓，不得不保持沉默。然而到 1935 年的时候，希特勒已经获得了绝大多数德国人由衷的支持，这主要归功于他所推行的重整军备的侵略性政策促进了经济的复苏。随着希特勒使德国的国际声望得以恢复，并为帝国实现了领土扩张的企图——以 1936 年重新占领莱茵区开始——公众对他的态度由尊敬转为崇敬。"老年人信任他，青年人崇拜他，"英国前首相戴维·劳埃德·乔治 1936 年访问德国之后写道，"那不是一种给予人民领袖的钦佩，那是对把国家从沮丧和堕落中拯救出来的民族英雄的崇拜。他就如独裁的君主一样不受任何批评。这样说还不够：他是德国的乔治·华盛顿——把自己的祖国从压迫者魔掌中解放出来的那个人。对那些不曾亲眼看见、亲身感觉希特勒对德国人从情感到思想上的统治的人来说，这个说法可能有些夸张。无论如何，事实便是如此。"

为了使希特勒的国父形象更加深入人心，戈培尔的高效宣传机器拍摄了大量尚未婚配的元首被崇敬他的孩子们包围的照片。尽管纳粹媒体给德国人民提供了数不清的这样令人欣慰的领袖图片，却很少深入报道表象背后的真人真事——这是有一定原因的。与纳粹核心权力集团的官员有接触的人非常清楚，由希特勒和他的高级助手们撑着的庄严门面遮住了无数的罪行和瑕疵。身旁的人眼中的元首根本不是那个展示给世人看的无所不能、令人生畏的人物。事实上，这位所谓的欧洲命运的主宰者也受制于他本人的一些不祥的性格弱点。

这些年来，成功掩盖了希特勒个性中那些令人不安的弱点。在 1939 年那个让人飘飘然的春天，帝国几乎没有人怀疑这个领导新政权的人不太胜任他所承担的重大任务。但是不久之后，希特勒将把敌对的矛头指向波兰，发动一场绝无仅有的考验他毅力的战争。在这场冲突的重压下，慢慢地，他那绝对正确的神话将不再存在，他那些享有特权的下属也将失去伪装的魅力，暴露出丑陋的本来面目——些吵吵闹闹、妄想夺权的阴谋家，对自己利益的关心胜过对元首的忠诚。最后，力量被削弱的元首将陷入一系列精心设计的阴谋，过去，他曾用几乎同样的手段对付他的敌人。无与伦比的阴谋家希特勒将被阴谋算计——那些认为只有除掉以不正当方式上台的领袖才能拯救自己国家的德国人把他当成了眼中钉。

"斗争产生一切，"在向最高权力艰难攀登的过程中，希特勒曾经这样说，"人类之所以能够生存或俯视动物王国，靠的不是人性的力量，而是最残忍的斗争。"生活就是争权夺利的险恶斗争，这种世界观并不是希特勒从书本上学来的抽象概念，而是他13岁时就去世的当文职公务员的父亲、专横的阿洛伊斯用拳打脚踢教给他的惨痛教训。在《我的奋斗》这本20年代中期由希特勒口述、副元首赫斯笔录的自传里，希特勒年少时候与父亲的冲突被描述成原则性问题：父亲希望儿子继承自己的衣钵，做一名文职公务员，儿子却一意孤行，想当艺术家。但是在私底下，希特勒后来也承认，他与父亲的争吵其实是恶意的威胁，与各自的理想关系并不大。"我从未爱过我的父亲，"他对一个秘书说，"他脾气暴戾，经常用鞭子抽我。可怜的母亲总是为我担惊受怕。"一个亲戚肯定了这种可怕的描述，他说希特勒的父亲有时候鞭打家里养的狗，直到狗尿湿了地板才罢手。他常常打孩子，偶尔也打妻子。

希特勒吐露说，他模仿卡尔·梅书中坚忍的印第安人，学会了忍受父亲的虐待；卡尔·梅是德国作家，写了许多有关美国西部的毫无事实根据的故事，对希特勒这一代的年轻人具有强烈的吸引力。梅笔下的印第安战士饱受折磨却不流一滴眼泪，阿道夫则默默地忍受父亲不停歇的鞭笞，而后骄傲地告诉母亲挨打的数目。（希特勒对梅的小说感激不尽，长大成人后仍旧是他的忠实读者；希特勒拥有梅的全部作品，用羊皮纸精心包好，保存在柏林总理府图书馆的一个大书架上，他经常翻看这些书，了解美国人的生活，甚至还把它们当作振作士气的读物推荐给他的将领们。）

如果说父亲的暴行让希特勒深感羞耻，他却对年少的自己承受此种惩罚的能力颇为自豪——这种品质在他当兵的时候再次显露出来，在西部前线他曾受过两次伤；后来他成了狂热的纳粹分子，发起运动挑战人类忍耐力的极限。在他向权力巅峰迈进的时候，希特勒不动声色地照搬了父亲的恐吓手段——并且进一步发扬光大——为了铲除纳粹党的死敌，让其他的人如小孩一般唯唯诺诺，希特勒实行了恐怖专政。

阿洛伊斯·希特勒的身世之谜给儿子的生活蒙上了更多的阴影，这位纳粹元首无论如何也难以摆脱。阿洛伊斯·希特勒是一个名叫玛丽亚·施克尔格鲁勃的奥地利农妇的私生子，施克尔格鲁勃在省会城市格拉茨做女佣人时怀上了他。多勒斯海姆教区、斯比塔尔村庄的一个农夫收养了这个孩子，并最终用自己的姓为他命名——教区的登记册上写明是希特勒——但是玛丽亚·施克尔格鲁勃至死也没有说出孩子的生父是谁。阿道夫·希特勒想尽办法也无法确定谁是自己的祖父，在言谈中他也从来不提及这个让他心烦的话题。

根据希特勒的律师汉斯·弗兰克的回忆，1930 年，希特勒收到亲戚的一封来信，信里暗示说他那神秘的祖父是犹太人，这件事情的严重性就开始显露出来了。希特勒担心被亲戚敲诈勒索，便秘密指派弗兰克前去调查这件棘手的事情。弗兰克带回来的调查结果便是：希特勒的祖母怀孕时正为一个名叫弗兰肯贝格尔的犹太人工作——而且，在她离职后的 14 年里，弗兰肯贝格尔先生一直付给她赡养费。希特勒告诉弗兰克，祖母曾经给他说，自己是因为太穷而不得不接受犹太人的资助，由此断然否定这些钱与祖父有任何联系。显而易见，这个不假思索的回答是谎话：在 35 年前希特勒出生时，玛丽亚·施克尔格鲁勃就已经去世了。

接下来的调查并没有发现有力的证据来证实弗兰克耸人听闻的报告；调查的人无法找到所谓的钱财资助的文字证明，甚至无法确定格拉茨是否住过一个名叫弗兰肯贝格尔的犹太人。然而，自己的血管里也许真的流着犹太人的血，这种可能性折磨着希特勒。每当同事提到他父亲长大的奥地利乡村，希特勒便会勃然大怒；他还下令取下当地的一块匾额，上面充满自豪地记载着元首曾在那里度过他的青少年时期。希特勒无时无刻不在想着种族"污染"的危险，为了缓解内心的焦虑，他私下里曾暗示，全体德国人民的血统都不纯正。"我们大家都因为混杂、污浊的血统而遭受病痛的折磨，"他曾经哀怨地对一个同事抱怨说，"我们怎样才能净化自身，弥补过错呢？"

1935 年，希特勒下令在《纽伦堡种族法》里加上一项发人深省的条款。该条款规定"犹太人不许雇用 45 岁以下、具有日耳曼或者与其相关血统的女佣人"。这项可恶的条款暗示在所谓的色胆包天的犹太男人面前，连即将过了生育年龄的妇女也无法幸免；只是看起来它像是专门为了防止再次发生希特勒所担心的曾经发生在自己家里的丑行：据说玛丽亚·施克尔格鲁勃在一户犹太人家里做工的时候怀上了私生子，即希特勒的父亲，此时她正好 41 岁。

当然，这样的揣测尚不足以解释清楚希特勒狂热的反犹太人思想。在他出生的奥地利，对犹太人的种种偏执的看法非常普遍，希特勒自然会受到大环境的影响，同时影响他的还有社会达尔文主义的一些拙劣主张。社会达尔文主义提倡"强权就是公理"，少年希特勒热衷于参加的街头巷尾的高谈阔论和他喜欢读的廉价小说中经常会有这样的内容。但是成年后的希特勒之所以能

希特勒简朴的制服表明他对自己的形象进行了刻意的设计。这里展示的制服是苏联红军于 1945 年缴获的，上面没有肩章也没有领花。希特勒很少携带武器，但他确实拥有一把手枪，是别人送的礼物。手枪上面刻着："挑战红色阵线和反动力量，保护我们的元首。"

够吸引上百万的追随者，与其说是因为他的思想有一定的预见性，还不如说是因为他以一种不可思议的热忱坚持着自己的信仰——这样的热忱在很大程度上与他的个人经历有关。希特勒把满腔的怨恨转化到公众领域，借此煽动人民大众，而他们也在希特勒的身上看到了共同的愿望和忧虑。

希特勒鼓动人民大众的能力使那些目睹他惊人崛起的旁观者们大惑不解。世界各国观看新闻短片的人看到的是一个滑稽可笑的人物，他夹着腿走路，打着狂乱的手势——当时的电影胶片经常不连贯，他的一举一动显得更夸张——还留着黑黑的如牙刷一样的小胡子，看上去就像一个装模作样的模仿查理·卓别林的小丑，神气活现地闯入世界政治舞台，表演了一出简短的喜剧小品。纳粹德国的总理看上去真不像个领袖人物，国外的政治分析家们固执地想找出种种迹象，表明希特勒有幕后靠山——一个沉默寡言的只管操纵傀儡的政客主子或诡计多端的工业巨头。正如一位美国新闻记者所言，那些满腹疑惑的权威学者一致认为"像阿道夫·希特勒这样的领导人必定会有一个更强悍的人物在背后支持他"。

　　希特勒身边那些天天与他打交道的人同样也惊诧于他那并不出众的形象——元首本人一再强调高贵的仪表是衡量种族价值的一个尺度，这显然与他自己的情形有出入。希特勒的身高只有 5 英尺 9 英寸，臀部很宽，双腿又细又长，够不上加入他手下的精锐警卫部队的资格。尽管希特勒的外貌多少有些令人尴尬，但是在他身边待过的人几乎都会被他那种莫名其妙的个人魅力深深

　　在柏林的一个花园里举行的露天聚会上，坐在玛格达和约瑟夫·戈培尔夫妇旁边的希特勒正目光锐利地盯着一个客人。一个热诚的仰慕者给元首的信里写道："您的双眼里仿佛安装了

吸引。这种魅力来自一对不同寻常的脸部器官——他那双浅蓝色的眼睛——他那锐利的目光在纳粹德国具有传奇色彩。纳粹党内盛传这双眼睛拥有摄人心魄的魔力。有一个故事的主角是一个反纳粹的警察局官员,在希特勒早年举行的一个集会上他被派去维持秩序;仅仅由于元首犀利的目光扫了他一眼,他就立即加入了纳粹党。德国剧作家格哈特·霍普特曼无限崇敬地把第一次与元首的对视描述为"我生命中最美好的时刻"。

无论是久经沙场的将领,还是阿谀奉承的党内官员,他们都被希特勒非常有穿透力的目光和气势逼人的讲话方式迷住了。就连帝国最傲慢、最有权势的人物之一赫尔曼·戈林在希特勒面前也无法镇定自若。希特勒非常清楚自己有能力使人们激动万分。他也爽快地承认,不管是面对几个,还是成千上万听众,他那令人炫目的表演并不总是自发的,而是常常经过了细致的考虑。他曾经吹嘘自己是"全欧洲最伟大的演员"。这个在日常生活中刻意压抑自己的本能反应、不捂着嘴不愿笑出声来的人,却精通一全套令自己的讲话更加铿锵有力的动作和姿势。希特勒在《我的奋斗》中写道,他坚信"是说出来的话而不是写出来的文章诱发了所有震撼世界的重大事件",所以他坚持不懈地改进自己的舞台技巧,直至"掌握了足以调动大厅里成千上万听众情感的语调和手势"。不过,希特勒在聚光灯下的成功并不能完全归结于他的技巧;他在自己饰演的角色里投入了无尽的

双臂,它们可以抓住一个人,把他抓得紧紧的。"

热情，连赤裸裸的谎言也因此染上了真理的色彩。

希特勒追求尽善尽美的表演技巧，目的并不是说服听众，而是要让他们发狂。希特勒知道，许多可能追随他的人常常自感能力有限，与社会格格不入，打动他们的最好办法就是把他们投入人民大众的熔炉，一起加热、沸腾。希特勒在《我的奋斗》中说，这样的仪式使"自感渺小"的人融入了一个强大的集体："他和其他三四千人一起深深沉浸于充满启迪意义的狂喜和兴奋当中。"希特勒认为，在这种状态下给听众宣讲的理念会永远铭刻在他们的脑海里，因为它带有"集体暗示"的催眠般的效果。

当希特勒登上群众集会的讲台、巩固他对人民大众

在大人的带领下，儿童们从微笑的党卫队警卫身边挤进纳粹党代会会场敬纳粹礼。德国的教育家们遵从希特勒的理论"人民大众就像是受本能控制的动物"，要求小学生们每天敬几十次僵硬的纳粹礼，嘴里还要喊着"嗨，希特勒！"他们希望借助这样的办法，培养出孩子们对纳粹政权的盲目忠诚。

的控制时，他会采取一切手段，确保他的听众能接受自己的思想。他把讲演安排在晚上，这样便可以利用照明光线营造戏剧性的效果，他的听众也更容易被打动。"在夜晚，"他说，"他们更容易屈服于一个比他们强大的意志力。"为了增强对听众的影响力，集会的组织者常常运用巨大的彩色幕布和嘹亮的喇叭声，还会安排着装整齐的支持者在台上就座，他们的举止严肃刻板，以此来表明他们对元首矢志不移的忠诚。

法国大使安德烈·弗朗索瓦－蓬塞如此描述希特勒当权之后不久在柏林滕珀尔霍夫机场召开的一次集会："傍晚时分,柏林的大街上挤满了前去参加集会的人们，他们排成纵队，簇拥着由横笛和鼓组成的小乐队和军乐队护送的旗帜，整齐地向前走去。"这些着装各异、神气活现的乐手们吸引了数不胜数的观众，大家一窝蜂地加入到节日般的喜庆中去。没过多久，机场上站满了将近100万兴冲冲的平民百姓，站在最前面的是军人和穿着黑色制服的党卫队员。"旌旗林立，熠熠生辉，"弗朗索瓦－蓬塞写道，"一个堆满了麦克风的讲台形同突兀的船头，俯瞰着人头攒动的海洋。"

在希特勒到来之前，纳粹党的各色头目纷纷走上讲台，为调动人们的情绪煽风点火，终于到了8点钟，希特勒出现了。"希特勒站在车上，双臂前伸，拉长着脸，神情严厉地来到了现场。经久不息、震耳欲聋的欢呼声伴随着他向前移动。此时夜幕已经降临了。相距较远的泛光灯已经打开，发射出柔和的等距离蓝色光柱，划破了漆黑的夜空。一眼望去，人山人海，望不到头。"希特勒走上讲台之后，"几乎所有的泛光灯都被关闭，仅剩的几束光把希特勒团团环绕，如太阳般令人炫目，希特勒矗立在神奇的船头，傲视着脚下奔涌的人潮。人群立刻陷入了宗教般虔诚的肃穆之中"。

人群的迅速集结令人瞠目结舌，但希特勒头几分钟的演讲却相对平淡一些。他犹豫不决，有些磕巴地说着开场白，声音尖锐刺耳。不过等他转入正题之后，语速便很流利了。一个旁观者说："15分钟后发生的事情只能用一个极古老、极原始的比喻来形容：他被神明附身了。"希特勒的声音逐渐变得洪亮，语速也越来越快。汗水顺着他的脸颊往下流淌，平日里被他压制的情感全都爆发了，在日常生活中讲话时他绝对不会如此投入地与听众进行交流。他的双眸发亮，仿佛进入了如梦如幻的境界。

但是真正如痴如醉的是他的听众。当希特勒的身体左右摇晃时，他的听众也会整齐划一地与他一起摇晃；当他的身体向前倾斜时，他的听众也会如潮水一般向前倾。希特勒激越的言辞紧紧攫住了女观众的心，她们尖叫着晕倒在地。即便是那些铁了心的怀疑论者——包括中立的外交官和外国记者——也会不由自主地伸出手臂，行着僵硬的纳粹礼并大喊："胜利万岁！"

当希特勒激情澎湃的演讲达到高潮时，他眼喷怒火，

希特勒是一个几乎无人可比的演说家。海因里希·霍夫曼拍摄的这些照片显示，希特勒总是借助事先经过多次练习的一系列手势来增强语言的说服力。与善于利用无线电广播的丘吉尔和罗斯福不同，希特勒更喜欢演说现场有众多的听众。"我演讲的时候必须有一大群人在听。"他说。

挥舞双拳，仿佛面对的是不共戴天的敌人：犹太人、赤色分子和那些背叛德国、使之一蹶不振的可恶的绥靖主义者。他的语言变得越来越粗俗——充满了血腥和暴力攻击的意象，语气残忍却透着信任。他这些恐怖的言语攻击把人们带入了一种狂热的情绪，即便在他的长篇大论结束之后，人们仍久久沉迷，不能自拔。戈培尔兴高采烈地描述着在柏林举行的这样一次演讲："体育馆狂吼着，咆哮着，沉浸在无意识的癫狂之中，长达一个小时之久。"希特勒则站在讲台上，头晕目眩，筋疲力尽，汗水湿透了全身。（他曾经坦言，每次演讲的过程中出汗太多，体重平均要减轻4到6磅。）

那些试图分析希特勒震撼人心的演讲才能并描述其效果的人常常使用一些与性有关的比喻。"从他的演讲中我们听到了被压抑的激情和爱意，表达这一切的是爱的语言，"波兰记者阿克塞尔·海斯特写道，"他的叫喊充满着憎恨和情欲，他的话语充溢着暴力和残忍。所有的语调和声音都受神秘的本能支配；它们就如同被压抑太久的邪恶冲动。"诗人勒内·希克勒把希特勒演讲的戏剧性效果说成是"强奸和谋杀"，更加言简意赅。

这些与性行为有关的比喻与希特勒个人的解释相当吻合。希特勒常常认为人民大众在本质上是女性化的群体，他毫不掩饰内心的骄傲，因为他有操纵他们的能力。他在《我的奋斗》中写了一段颇有争议的话："人民大众的心灵不会响应柔弱的或妥协性的事物。与女人一样，他们在精神上的敏感度的决定因素不能说是抽象的理性，而是一种无法言喻的对于权力的情感上的渴求；正是由于这个原因，女人不会向弱者屈服，她们心仪的对象是强者——人民大众也是如此，服从统治者，唾弃摇尾乞怜者。"

为了巩固自己在这种强制关系中的强者地位，希特勒尽可能少地把真实的自我暴露给崇拜他的人民大众。只有希特勒信任的几个亲信知道，他那强悍专横的外表下面隐藏着许多弱点。这些见证人后来指出，令人着魔的领袖其实是个脆弱的、根本谈不上完美的人。

经常接近希特勒的人为他保守了许多稀奇古怪的秘密，其中之一便是无所不能的元首对治理国家几乎毫无兴趣。希特勒的政治直觉非常灵敏，但是他对政府部门的日常运行一知半解，而且从不打算进一步了解；希特勒心目中的自己是个高贵的艺术家和富有灵感的思想家，与行政管理没有任何关系。"天才的一个想法的价值高于在办公室里工作一辈子。"他洋洋自得地说。他恪守这个信条，一天天地打发日子，直到哪一天突然产生灵感或者发生危机，他便会上演一出兴奋狂热的好戏。

即便是在希特勒住进了柏林的帝国总理府之后，这种状况也没有改变。他一般很晚才起床，一边吃着简单的早餐一边读着报纸，然后才到办公室去处理一些他感兴趣的事情，对其他事务则置之不理。他安排自己的会客时间，拒绝接见不想见的官员——无论他们有多么紧

急的情况要汇报。他很少坐在他那高大的办公桌后面，
却喜欢在办公室里踱来踱去。他不愿意发布书面命令，
常常吼叫着把命令下达给碰巧站在身边的某个人，这个
人当然要把命令再传达给有关的官员。

　　一天中最精彩的场面莫过于在总理府餐厅举行的午
餐了。客人们——大约50位亲信中的任何人，数目不定，
他们只需提前打电话订个座位即可——聚集在铺着暗红
色大理石地板、挂着织锦的宽敞的入口大厅里。他们在
那里停留一会儿（崇尚节欲的希特勒只允许客人在这个
房间里吸烟），然后再到会客室恭候领袖。午餐通常定
在下午2点钟，但多半到3点才开始，鄙视准时的元首
这时才会出现，领着大家穿过一扇玻璃门，来到凉风习
习的餐厅，从这里可以望见楼下美丽的花园。

　　客人们围着餐厅中央的大饭桌自行入座，饭桌只够
坐15人，其余的人坐在角落的小桌子旁。侍者随后端
来一些简单的饭菜，希特勒则开始了他那冗长的独白，
与他同坐一桌的客人只有聆听的份。在接下来的一两个
小时里，希特勒对历史、建筑、绘画、饮食或其他他喜
欢的话题津津乐道。他常常会谈论自己养的狗和纳粹党
早年的光荣历史，还会谈论电影、小歌剧和这两个领域
的明星，甚至还会谈论别人不幸的家庭生活。他很少会
征求客人的意见，他们除了附和之外，不能再说别的话，
否则就会遭到难堪的训斥。希特勒的喋喋不休常常把初
次来访的客人惊得目瞪口呆；而来过多次的客人都会咬

紧牙关，免得流露出厌烦的神情。"他讲的总是那一套，"艾伯特·施佩尔抱怨，希特勒在 1933 年把这位才华横溢的青年建筑师网罗到自己的门下，"他从来不在深度和广度上做点文章，也很少换个新的角度。他的话经常重复，他也觉得无所谓。我不能说他的话给我留下了深刻的印象。"

客人们同样也没有给施佩尔留下好印象。共进午餐的人大多数是纳粹党中的势利小人和地方政府官员——"都是些简直没有见过什么世面的人。"出身于上流社会的施佩尔轻蔑地说。晚上陪元首进餐的人少一些，但同样让人觉得乏味。其中包括希特勒的警卫、飞行员、司机和两个医生；另外还有他的专职摄影师海因里希·霍夫曼、行政秘书马丁·鲍曼和几个军事方面的助手。帝国的领导人中只有戈培尔经常去总理府。希姆莱和戈林很少露面，军界的高层官员也是如此。自尊心强的人不太情愿巴结希特勒，这是可以理解的。希特勒自然喜欢谦卑的人陪伴左右，可能他也意识到经常和他相处的人必定会对他自吹自擂的领袖魅力变得无动于衷；只有那些谦卑的人才有可能在终止对他的顶礼膜拜之后，仍然对他唯命是从。

帝国总理府一天中的活动通常以放映电影结束——这是不爱过问世事的希特勒允许自己经常享受的唯一一项娱乐活动。每次放映都准备了好几部影片，任元首挑选。希特勒从不顾及客人的意愿，每当他觉得厌烦时，便会大喊："垃圾！"放映员便乖乖地换到下一部影片。希特勒喜欢法国电影——尽管他不允许德国民众观看——他对美国的轻喜剧片，比如说《白雪公主和七个小矮人》，更是百看不厌。他最喜欢的一部电影是《一个孟加拉枪骑兵的生活》。一位访问过柏林总理府的英国外交官解释说："他喜欢这部影片的原因在于片中讲述的是一群英国人在南亚次大陆称王称霸的故事。一个优等民族就应该这样。"

国家大事很少能让希特勒长期待在首都。他总是不停地出巡，带着随从乘坐座机、专列或者梅塞德斯－奔驰车队前往德国各地。元首感觉最亲切的地方是巴伐利亚，从一战后的默默无闻到后来的臭名昭著，希特勒都离不开这个地方的大力支持。只要有可能，他便会在慕尼黑住上几天。在此期间，他出没于各个咖啡馆，一边吃着他喜爱的甜点，一边向随从发表自己的见解。而后希特勒会前往位于阿尔卑斯山、离贝希特斯加登不远的度假别墅。这是他上台之前用《我的奋斗》一书的版税购买的，刚开始只不过是一座松树环绕的普通的山林小屋。纵横交错的林间小径为希特勒提供了一个难得的信步漫游的场所。

但是到了30年代中期，这个地方被改造成了封闭的高墙大院，四周围上了有刺铁丝网，有武装警卫日夜守卫。原先的林间小屋变成了楼房，底下几层有厨房、食品储藏室、警卫宿舍和其他的房间，都位于阿尔卑斯

1938年1月，纳粹党执政5周年之际，希特勒向行纳粹礼的人群还礼。为了拥有一个适于此种场合的舞台，元首上台之后不久便让人在柏林的旧总理府加了一个阳台。他把自己的设计（插入的小图）交给了建筑师艾伯特·施佩尔

在一场典型的"独角戏"中，希特勒对着一群阿谀奉承者——其中包括副元首赫斯（中间双臂交叠者）——滔滔不绝地讲个不停。一个助手抱怨说希特勒"一刻也不停歇地讲着，除了时不时地插上一句话之外，任何人都只有听的份。"

山的地底下。这座舒适的别墅名叫元首山庄,从这里抬头可以望见所谓的"鹰巢"——一个独立的山顶茶室,坐电梯沿着峭壁可以到达那里。这个装饰豪华的山顶小屋本来是希特勒思索国家大事的地方,但是他几乎从来不去那里。他更喜欢坐在元首山庄的起居室里冥思苦想,起居室的窗户很大,可以一览无余地望见奥地利的边境。

正如施佩尔所说,希特勒在阿尔卑斯山的简朴的山间小屋被改造成威严的深宅大院,此举表明这位独裁者"越来越远离周围的大世界"。希特勒去元首山庄办公或休闲的次数越来越多。在发表重要的演说之前,他会在那里待上几天甚至几个星期,仔细考虑演说的内容。他甚至在那里接见外国代表团,正确地算计着元首山庄的崇山峻岭和与世隔绝会让他想恫吓的客人感到的阵阵寒意。不过元首山庄吸引希特勒的主要原因很简单:在这里他享受到了前所未有的独居的快乐。他可以随心所欲,不用担心被曝光。重要的是,希特勒在这里改变了以往作为一个神秘单身汉的形象——他苦心营造这个形象,为的是加强对广大德国妇女的吸引力。每每在希特勒的官方车队到达元首山庄之后不久,一辆载着他的情妇爱娃·布劳恩的梅塞德斯小型轿车就会停靠在山庄外边。

这位漂亮、谦逊的女人过去曾在慕尼黑当过职员,很少见过有比她更安静的情妇了。来元首山庄的客人

希特勒经常到处旅行,但是他的活动范围几乎都限于帝国国内。上图中他正在飞机上翻阅一本书,下图中他穿着挡风遮雨的飞行服,正在敞篷车里查看地图。

权力的中心

希特勒的避暑山庄（左）背倚巴伐利亚萨尔茨堡附近巍峨耸立的阿尔卑斯山，既为他提供了一个舒适的度假胜地，也是让客人难以忘怀的理想场所。下图中，1937 年，希特勒正带领温莎公爵和夫人（走在他的右边）四处参观。

如果不太了解内情，很可能会怀疑她对元首究竟有什么吸引力，因为希特勒很少当众表露出对她的爱意，有时候竟会近乎轻蔑地把她打发走。尊贵的高层官员来访，与希特勒商谈时，布劳恩就会被从桌旁赶走。曾经有一次，势利的赫尔曼·戈林和妻子埃米来访，施佩尔发现布劳恩蜷缩在自己的卧室里，吓得不敢出去呼吸新鲜空气。"可能会在大厅里碰见戈林夫妇。"她轻声说道。希特勒对布劳恩的冷淡一方面反映出他不太愿意承认自己与任何人关系亲密——何况布劳恩是一位出身低微的女人。但是使他们的关系变得更复杂的是另一个不安定因素——希特勒无法忘怀在布劳恩之前占据他心房的一位年轻姑娘：他的外甥女吉莉·拉包尔。

希特勒是在 1928 年开始迷上拉包尔的，当时他住在贝希特斯加登附近的山间小屋里，请来了同父异母的妹妹安吉拉做管家。安吉拉带来了两个女儿，弗里德尔和迷人的吉莉，吉莉当时 20 岁，比希特勒年轻 19 岁。在接下来的几年里，希特勒把吉莉带在身边，对她百般疼爱，不过很显然，他的激情从来没有得到过性方面的满足。一位同事回忆说："对希特勒而言，她就是一个至善至美的年轻女孩——美丽、清新、纯洁。"希特勒执意要控制拉包尔的一举一动，最终把她逼到了绝望的境地。1931 年 9 月，她被发现死在希特勒的慕尼黑住所里，一颗子弹穿膛而过，很显然是自杀。

这起事件对希特勒造成了沉重的打击。尽管他很快就从布劳恩那里得到了慰藉——1930年，他在摄影师霍夫曼的照相馆里第一次见到了布劳恩——但是拉包尔仍像圣女一样占据着他的心。布劳恩痛苦地意识到希特勒对死去的拉包尔念念不忘，绝望之中采取了与拉包尔相似的行动：1932年，她对着胸口开了一枪，差点儿打中心脏。3年之后，她又一次自杀未遂，不过这一次用的是安眠药。打那以后，希特勒私下里对她的态度柔和了许多，但是只允许她在慕尼黑或元首山庄抛头露面。拉包尔永远活在希特勒的记忆里，除了自己的母亲，希特勒只承认爱过拉包尔。布劳恩在元首山庄的卧室与希特勒的紧挨着，为此她也付出了一定的代价：她如同一个不体面的边缘人，仆人们拐弯抹角地称她为"E.B."。有一次希特勒当着她的面对别人说，智商高的男人应该找一个"朴实愚蠢的女人，"一个的的确确不会干扰他工作的女人。"我不能结婚，"他强调说，"想想有了孩子之后会出什么事！"

在希特勒的随从当中，不光爱娃·布劳恩吃尽了苦头才了解到元首对她的感情是有限度的。希特勒身边有几个人偶尔会有幸聆听他发自肺腑的倾诉，便努力想做他的知己朋友，不想遇到的却是一道无法逾越的情感障碍。阿尔伯特·施佩尔有时禁不住扪心自问："为什么我不能说希特勒是我的朋友？欠缺的是哪一点？"这位建筑师最终得出结论："没有哪一点是不欠缺的。这辈子我头一次碰到像他这样的人，很少会透露自己的真实

一只经过驯养的寒鸦栖息在希特勒的肩头，这是元首允许拍摄的不多的几张表现其轻快活泼一面的照片之一。一般情况下，希特勒只在别人玩笑的时候才会开怀大笑。

情感，即便这样做了，也会忙不迭地收回去。"事实上希特勒经常说，除了布劳恩和他的狗——这两个生命对他的忠诚他是信得过的——他不会有任何其他的朋友。

虽然希特勒很少让相识的人觉得亲近，他也会允许他们做一些稍稍出格的事情。来元首山庄的贵客打招呼时无须和德国民众一样边敬礼边说："嗨，希特勒！"他们只需简单地说一声"你好！"另外，他们不用称主人为"元首"，而是"头儿"。布劳恩甚至可以向这位不修边幅的独裁者指出，他的领带和外套搭配不当。她甚至可以大胆地开玩笑说自己是"国母"。

但是这种小范围之内的不拘礼数无法改变元首山庄单调沉闷的生活。这里每天的活动百无聊赖，与柏林的帝国总理府没什么两样，只不过客人们不是连续几个小时而是连续几天地被迫聆听主人滔滔不绝的谈话。置身事外的人常常对纳粹新闻局局长奥托·迪特里希说，他们非常羡慕他有机会总是陪伴在希特勒的左右。迪特里希却注意到，那些受到邀请来元首山庄拜见元首的人离开时，通常会如释重负地大松一口气，并对那些"不得不放弃个人的生活，无时无刻不处在希特勒营造的令人厌烦的气氛中的"不幸者深表同情。

　　不光是希特勒冗长的独白让人腻烦。在很多时候，与希特勒同处一室就如同与一个幼稚的、让人心烦的小青年生活在一起。他的饮食习惯就像是一个挑食的小孩。他狼吞虎咽地吃光一整盒糖果，还不由分说地在每个客人的茶杯里加入好几匙砂糖。他不仅拒绝吃肉，还极力宣扬他的素食主义，饥肠辘辘的客人正在大吃烤肉或猪排的时候，他便开始描述令人作呕的屠宰场。

　　人人都知道希特勒缺少幽默感，但他喜欢对别人搞恶作剧。他最常开的一个玩笑便是叫一个下属给另一个下属打电话，传达可怕的"元首命令"，而希特勒则在一旁踱步，乐滋滋地想象接电话的人惊恐万分的反应。他还喜欢做一些愚蠢的游戏，比如说他曾发明的一种保龄球游戏：他打第一局，要用 3 个球击倒所有的瓶子。如果他成功了，另一个客人接着打一局；如果他失败了，游戏也就结束了。他还喜欢让男仆——男仆是不允许看到元首赤身露体的——手拿跑表站在卧室门外，计算他穿衣服或脱衣服的速度有多快。男仆喊："开始！"希特勒就匆忙穿衣服；穿好之后，希特勒大喊一声："停！"男仆按下跑表，希特勒飞快地冲到门口看看自己是不是破了记录。

希特勒的一些行为的确很愚蠢，但这并不妨碍他担心自己是不是显得很滑稽可笑。他十分注意自己的形象，从来不穿新衣服在大庭广众中露面，除非霍夫曼事先拍摄了他穿这件衣服的照片，并已经让他过了目。"他害怕遭到别人的嘲笑，都快成了一种病态。"希特勒的一位秘书克里斯塔·施罗德说，施罗德时不时地会暗中观察元首与他的苏格兰狗布尔利亲昵嬉戏。希特勒一看到她就会把小狗赶走——但是施罗德一离开房间。他马上就会和和气气地把狗叫回来。霍夫曼被严令禁止散播任何元首与布尔利在一起的照片；只是在马丁·鲍曼把希特勒与一条名叫布隆迪的威武神气的阿尔萨斯狗嬉戏的镜头拍摄下来之后，他才同意自己以爱狗者的形象出现。施罗德后来回忆说："希特勒非常严肃地指出，处在他这种地位的人出现在公众面前时，

1938 年 5 月，希特勒担心自己的身体健康，写下了这个遗嘱。遗嘱的第一句话要求他的遗体被送往慕尼黑，安放在纪念第一批纳粹党烈士的统帅堂里。第二句话说纳粹党是元首的遗嘱受益人。

带着的只能是德国牧羊犬。"

希特勒对折磨、虐待人的各种各样的办法——越让人恐怖越好——有着令人不寒而栗的兴趣,这与他对动物的怜爱形成了奇特的反差。他对肢解、斩首、放血和烹食人肉津津乐道。(有人问他踏上英国领土之后要做的头一件事是什么,他回答说是去参观伦敦塔,看看亨利八世砍掉王后头颅的地方。)与此同时,希特勒却为虐待宠物焦虑万分,煞费苦心地起草了许多照看宠物的法案。1936 年,在经过忧心忡忡的研究和辩论之后,希特勒得出结论:最人道的宰杀龙虾的办法就是用开水烫死——因此他下令,从今以后,甲壳类动物必须照此办法宰杀。

希特勒是个不折不扣的素食主义者,但这并不是因为他关心动物,而是因为他非常担忧自己的健康状况。他是个忧郁症患者,讨厌酒精,从不吸烟,几乎总是让他的医生卡尔·布兰特和特奥多尔·莫雷尔不离左右。对他的医生来说,他是一位极难伺候的病人,不愿意检查身体,却凭着从一本经常翻阅的厚厚的医学书和家中的伪科学藏书中看来的一些信息,对医生开出的处方总是不放心地问长问短。

莫雷尔医生——他很快就把布兰特的医术比了下去——在 1936 年赢得了希特勒的感激,他为希特勒治愈了严重的胃溃疡,这个病可能是由怪异的饮食习惯和持续的焦虑造成的。莫雷尔建议注射一种名叫强身剂的良性细菌，疗效显著。希特勒的体重开始增加，腿上的一种湿疹顽疾也莫名其妙地痊愈了。心花怒放的希特勒越来越依赖莫雷尔医生，尽管莫雷尔提倡的养生之道包括经常注射荷尔蒙和其他从长远来看有害的药物。比如说，如果元首感到肠胃气胀，莫雷尔开出的药物里就含有微量的士的宁。接近希特勒的一些人认为莫雷尔是个危险的庸医，但元首却一直非常信任他，尽管他的胃病又猛烈地复发了，而且许多其他的病症——包括长期失眠——并没有好转的迹象。曾经有一次，希特勒不太情愿接受莫雷尔的新治疗方案，莫雷尔便责问他："我的元首，我对维护您的健康负有责任。如果您有个三长两短可怎么办？"希特勒握紧拳头，威胁说："莫雷尔，如果我有什么三长两短，你的小命就会一钱不值。"

希特勒最难释怀的担忧之一便是患上癌症——他的母亲正是死于癌症——在没来得及实现德国的宏伟蓝图之前就死去。他的嗓子经常因为演讲时间太长而变得沙哑，他却由此认定自己得了喉癌。一位咽喉专家为他做了检查，并切除了喉部的一块良性息肉，但希特勒仍然忧心忡忡。1938 年 5 月，希特勒草草写下遗嘱，告诉同事自己的寿命不会太长了。这种病态的焦虑使得希特勒急于实施他的征服计划，鄙弃任何要他三思而后行的建议。

希特勒一向自认为是一个没有任何神秘主义倾向的理性的人，这显然与他疑心自己有病、迷信药物的病态心理不相符。事实上，他同那些地位显赫的追随者一样，常常把迷信和科学混为一谈。他对早就被人怀疑的颅骨学很感兴趣，这种理论声称，通过研究人的头颅形状便可以详细推测出他或她的个性和能耐。希特勒曾经请专家仔细测量了他的颅骨，然后再与已经去世的著名领袖的面部模型和画像测得的数据做比较。结果可想而知，颅骨学的权威们兴高采烈地证实，希特勒颅骨的关键部位与拿破仑、腓特烈大帝和俾斯麦的毫无二致。

事实上，与希特勒打交道的人几乎全都乐意说元首想听的话，因为元首的火爆脾气早已声名在外——他发起火来简直是凶神恶煞，谁也吃不准他会做出什么可怕的事情来。希特勒会在刹那间由一个和蔼可亲的主人变成一个咆哮的怪物：他号叫着，捶打着桌子，或者戏剧性地把双臂平摊在墙上，像是绑在十字架上；这样的举动常常会把来访的客人和熟悉他的人惊得目瞪口呆。有时候希特勒为了吓唬持反对意见的人，让他们改变立场，便会上演这样几出大发雷霆的好戏。其他的时候，一些极其细微的小事都会让他勃然大怒。

一天，一大群希特勒的崇拜者被允许进入贝希特斯加登的山庄向他致敬，希特勒的爱犬布隆迪不知何故没有听从他的命令紧随其后。奥托·迪特里希目睹了元首的反应。"看见自己的命令遭到违抗，希特勒只觉得血往头上涌，"他写道，"旁边围着几千人，希特勒正准备按惯例从他们身边走过。两分钟后，一名妇女递给他一份请愿书，他突然对正好站在身后的一位亲信尖声大叫。他不做任何解释，也毫不顾忌在场所有人的惊异表情，竟然无缘无故地、恶狠狠地臭骂了那个人一顿。"不过比起他对卡尔·威廉·克劳泽发的那顿脾气来，这可算不了什么。克劳泽是希特勒的勤务兵，有一天端给元首的不是他最喜欢的瓶装矿泉水，而是泉水。在做希特勒信任的仆从5年之后，克劳泽被当场解雇了。

熟悉希特勒的比较有见地的人意识到，追根溯源，这种孩子气的吓人举动与元首在以往生活中积攒的满腔怨恨有关。"他年轻时候默默无闻那会儿肯定是个爱慕虚荣、易受刺激的人！"一位客人在目睹了希特勒的勃然大怒之后说。"不幸的是，这位客人的三言两语竟一针见血，揭露出元首在自信心和虚荣心上受到的打击。"克里斯塔·施罗德说。希特勒曾对不多的几个人讲述过父亲的残暴，施罗德便是其中之一，她揣测主子喜怒无常的性格得归因于他那"不快乐的童年"。不过希特勒身边的人对这个权势遮天的人其实有着不平衡的心态这一点并不太在意。他们反倒尽量迁就他，替他掩饰那些令人尴尬的过失。这样一来，这位被自己的新闻局局长形容为"总是那么残暴、固执、发无名火"的可怕人物，竟然继续被千百万的人尊崇为慈爱的国父。

希特勒极力美化自己的古怪脾气和有失正统的生活方式，他一而再再而三地称自己是艺术家，因为才华出众，所以不能用常人的标准来要求他。为了证实这一说

法，他指出自己不仅有卓越的演讲天赋，还有不同寻常
的意志力和选择时机的奇妙的第六感。他并非满腹经纶，
却有着敏锐的观察力和超常的记忆力，这使得他精通外
交和军事，无须像资质稍差的政治家那样依赖顾问，沦
为政府看管人。表面上他有点犹豫不决，实则是一个善
于策划和组织的能手，先使反对者产生一种虚假的安全
感，尔后以迅雷不及掩耳之势压倒他们。他就像一个厚
颜无耻地向当时的传统挑战的艺术家，全然无视批评者
的存在，一心一意追寻他那建立欧洲新秩序的大胆梦想。
军队里那些持怀疑论、认为德国领土扩张计划愚蠢透顶
的人被清除干净了，而国外唱反调的人——他们把希特
勒贬为世界舞台上一个不折不扣的业余政客，预言他很
快就会垮台——被迫收回了自己的言论。

然而，希特勒却为他实现宏伟蓝图的初步成功付出
了难以估量的代价。30 年代后期，由于形势的发展似
乎证实了希特勒的天才，他便摆出一副如神明一般永远
正确的姿态，把自己说成是上帝的使者和天意的执行者。
纳粹教育家和新闻记者早已用相似的语言吹捧希特勒为
拯救国家的英雄，德国的少年儿童定期背诵一首祈祷诗，
诗的开头便是："元首，我的元首，主的恩赐。"只是
事到如今，这种偶像崇拜却让希特勒冲昏了头脑。

1938 年 4 月，希特勒以上天派来的拯救者的姿态，
来到刚刚占领的奥地利，出现在一群崇拜者面前。"我
相信这是上帝的意志，从这里派遣一位青年去德意志帝

1939 年初，客人们在慕尼黑的指挥部元首厅里聆听希特勒的讲话，希特勒的面前按惯例摆着一杯矿泉水。他指出像元首厅和新建的总理府这样雄伟豪华的建筑可以给某位没有安全感的未来领导人增强权威感："如果一个弱小的人能够在这样气派不凡的环境里出头露面，你简直想象不到他对周围的人无形中产生的威信。"他的话不经意中流露出很大的反讽意味。

国，"他声言，"让他成长，把他培养成民族的领袖，让他有能力带领祖国重返德意志帝国。"希特勒越来越相信自己推行的计划是上天的安排，这使得他越来越远离人群，越来越听不进去批评。希特勒周围都是一些像约瑟夫·戈培尔——他认定"元首讲话与宗教仪式无异"——那样崇拜他的助手，他渐渐觉得自己受到神明启迪做出的判断是不容辩驳的。"我就像一个梦游的人，满怀信心地沿着上帝指定的道路向前走。"希特勒声称。

希特勒这种拒绝采纳他人建议、自以为是的作风引起了手下将领的极大忧虑，他们担心在他的领导下，军队尚未准备就绪便盲目地卷入战争的旋涡。1938 年的夏天，希特勒通知军事将领们，他打算冒着与西方各国打仗的危险入侵捷克斯洛伐克，事态立即变得很严峻。命令一宣布，陆军总司令部参谋长弗朗茨·哈尔德将军便秘密提议把希特勒赶下台。9 月份，英国和法国在慕尼黑把捷克斯洛伐克拱手让给德国，这个政变计划才不了了之。但是德国国防军高层指挥官中反对希特勒的力量此伏彼起。希特勒的坚定支持者、作战部长艾尔弗雷德·约德尔抱怨说："陆军里只有一种不驯服的因素——将领们，归根结底是他们太傲慢。他们既缺乏信心又不守军纪，因为他们看不到元首的天才。"

除了不驯服的军官，德国还有其他的人对希特勒盲目而疯狂的意志可能导致的后果表示担忧。一些外交官认为希特勒的侵略政策不仅很危险，而且不光彩，因为德国会遭到国际社会的唾弃。在德国外交官汉斯·吉泽维乌斯看来，德国政权无法无天的本质特点在 1938 年 11 月 9 日这一天暴露无遗；在这个所谓的"水晶之夜"，德国各地的纳粹暴徒使用武力烧毁了几十座犹太教堂，抢掠了数千家犹太人经营的店铺。吉泽维乌斯看穿了希特勒在这场暴行中扮演的角色。"元首亲自发起了这次恐怖的、不祥的过激行动。"他说。吉泽维乌斯随后积极参加了反对希特勒的密谋行动，他希望能够扫除这股邪恶的魔力，使大多数值得尊敬的德国公民不再像"兔子面对毒蛇那样对这个纳粹魔头"逆来顺受。

希特勒指挥的对犹太人犯下的种种暴行激怒了其他有良知的男人和女人。在获悉"水晶之夜"这一事件之后，一位名叫迪特里希·邦霍弗的有影响的路德教青年牧师打开《圣经》，翻到《第 74 诗篇》，把暴行发生的日期——"9.11.38"——写在一首诗旁，这首诗讲述了古代的一群人跟随精神错乱的国王对希伯来人犯下亵渎神灵的暴行的故事："他们烧毁了这个国家所有供奉上帝的圣殿。"《诗篇》呼吁对这个"整日亵渎神灵的疯子"进行惩罚，邦霍弗记住了这一点，很快便得出结论：加入反对现政权的行列是自己在宗教信仰上应该履行的责任。

但是，在几年之后，由希特勒的敌对暴行引发的不满情绪才转化为拥有广泛基础的反对他的具体行动。随着战争的临近，希特勒遇到的真正困难不是他在高层官员中分散树敌，而是他没有招揽到能力出众、谨慎认真的助手。"希特勒的支配欲压倒一切，不给任何人发挥的机会，"他的新闻局局长说，"他非但不愿笼络品格高尚、经验丰富、视野开阔的人，反而要对他们敬而远之，确保他们没有任何机会对他造成影响。"

公允地讲，希特勒自己吹嘘的左膀右臂中确实有一些天赋出众的人，只是他们不是抱有偏见，极端自负，便是只懂得纯技术性的问题，他们的天赋因此非常有局限。在即将到来的艰苦卓绝的岁月里，希特勒迫切需要的是真知灼见——一些能够平息他的怒火、在他迷路时能够把他领到安全地带的顾问。可惜的是，直到尝到苦果的最后时刻，元首仍旧只能依靠那些与他一样心存许

多妄想的亲信，他们没有能力纠正自己的错误，更没有
能力纠正元首的错误。正如奥托·迪特里希所说，一个
"唯我独尊的"、被当作偶像崇拜的独裁者必定会落得
这样的下场。

符合元首身份的办公场所

"我有一项紧急的任务要交给你办。"1938年初，希特勒对他最欣赏的建筑师艾伯特·施佩尔说。希特勒抱怨建于18世纪的纳粹政府办公大楼"只适合做肥皂公司的库房"。他要在柏林市中心建一座宏伟壮观的新总理府。"花再多的钱都没关系，"他说，"不久之后我就要举行非常重要的会议。为此我需要宽敞的大厅和会客室，给人们，尤其是那一小拨高层官员留下深刻的印象。"

施佩尔的设计总是符合元首的心意，这次也不例外。他设计了一幢规模惊人的新古典主义式样的建筑——足足有一个街区长——室内全部都是雄伟的大理石构造，讲究气派的希特勒非常满意。施佩尔雇用了4500人在柏林夜以继日地加紧施工，外地还有几千人打造各种构件，只用了不到一年的时间就修建完工了。

帝国总理府由一系列沿着长长的中轴线建造的房屋相互连接而成。外交官和其他客人由荣誉院（右）进入，需徒步穿过4间天花板很高的屋子才能到达里边的圣殿。希特勒笑称，这段长长的路有助于客人充分领略"德意志帝国的强大和壮阔。"接下来的几页依次展示各个房屋的照片。平面图上的阴影部分标明房屋的位置，箭头则表示拍摄照片的方位。

下图 宏伟的帝国新总理府模型标出了位于威廉街上的汽车入口处（右侧），里面便是所谓的"荣誉院"。这幢长达一个街区的建筑毗邻左边的沃斯街。

右图 一对象征纳粹党和德国军队的青铜雕像矗立在从荣誉院进入总理府主楼的宽敞入口处，它们是雕刻家阿尔诺·布雷克遵照希特勒的命令雕刻的。荣誉院有223英尺长，圆柱高达42英尺。

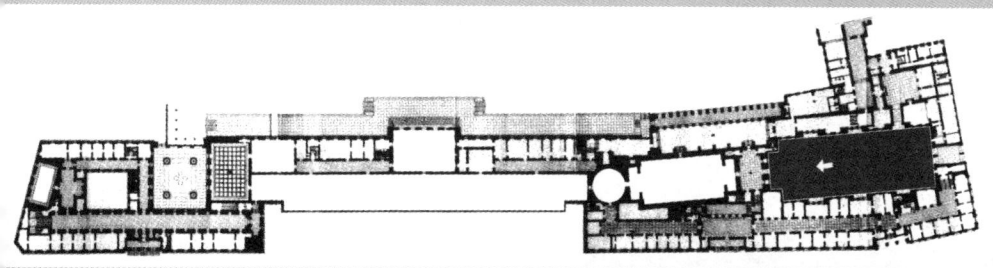

左图　由灰色大理石雕刻的老鹰（插入的小图）装饰着马赛克厅，这个厅长达 151 英尺，尽头连着红木制成的巨大的门。

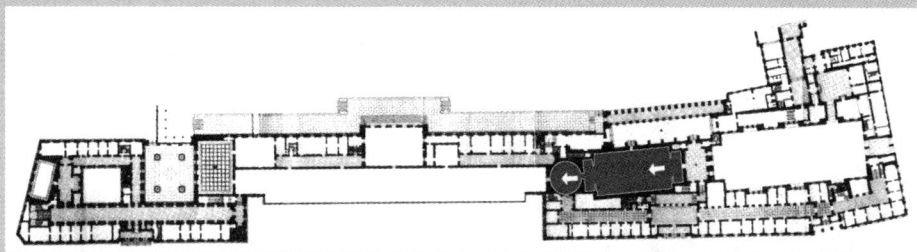

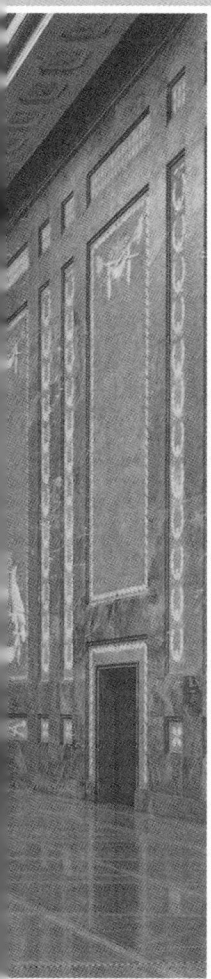

右图　17英尺高的门里面是圆形室，地面和墙上都铺着大理石。

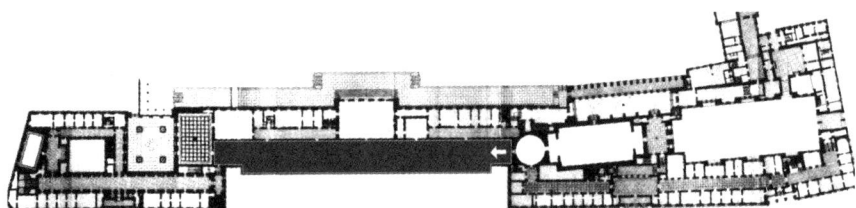

　　希特勒对靠近自己办公室的 480 英尺长的大理石画廊非常满意，这个画廊比凡尔赛的镜厅长一倍。

左图 在32英尺高的天花板下，希特勒的办公桌正中间镶嵌着一把半抽的剑。"外交官们看到它时，禁不住会哆嗦和发抖。"元首说。

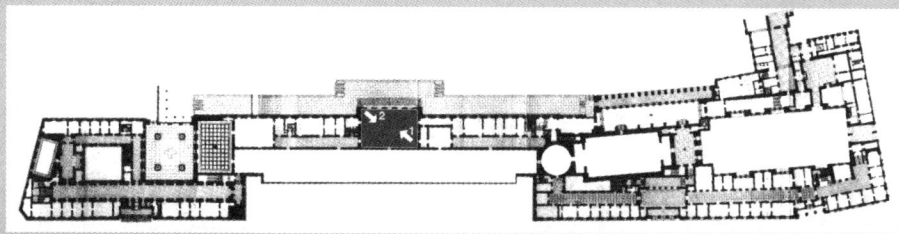

　　右图　在通向格外宽敞的希特勒办公室的门上，施佩尔乐观地镶嵌了柏拉图所说的 4 种美德：智慧、坚韧、节制和公正。

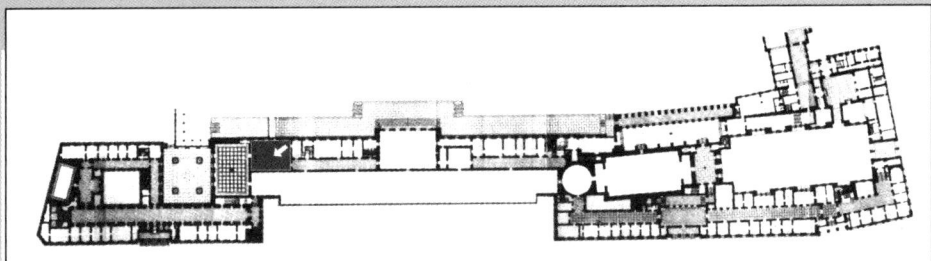

24 张装饰着鹰和卐字的帝国座椅摆在内阁室的会议桌两旁。希特勒从来没有在这里举行过内阁会议，但是内阁部长们偶尔会来看看桌上放着的书写纸上自己的镶金姓名。

2. 贪婪的助手

1933 年 1 月，希特勒宣誓就任总理，不到 6 个星期，阿尔伯特·施佩尔接到一个指令，他禁受不住诱惑，从此便舍弃了权力边缘的宁静生活，进入凶险的纳粹阴谋活动的核心，踏上了不归路。电话打来的时候，这位 27 岁的建筑师正待在曼海姆的家里，曼海姆是莱茵河边上一座宁静的城市，与充满着革命喧嚣的柏林形同两个世界。施佩尔于 1931 年加入了纳粹党，总是一次不落地参加本地的党员集会，但是他发现这些集会令人感到压抑。"党员低下的人格和文化水平让我感到惊异。"他回忆说。他曾一度产生这样的困惑：怎么能让这样的人来治理国家呢？但是施佩尔一接到很有前途的纳粹官员卡尔·汉克的电话，便把心中的疑虑抛到了九霄云外。汉克曾请施佩尔做过几次设计，这一次打电话是告诉施佩尔，最优秀、最有才华的纳粹党员正在首都帮助希特勒打好统治的基础，现在有一个诱人的空缺等着他去。"你愿意来柏林吗？"汉克问道，"在这里你肯定能干一番事业。"野心勃勃、浮躁不安的施佩尔立即答应了下来，当天晚上便与妻子驾驶宝马单排座敞篷轿车离开曼海姆，连夜赶到了首都。他睡眼惺忪地直接向汉克报到，并被立即派往工作地点。

在柏林的一次纳粹党集会上，阿道夫·希特勒正在凝神倾听约瑟夫·戈培尔（左）热切的述说，但是鲁道夫·赫斯的心思显然在别处。争权夺利的助手们相互之间剑拔弩张，争相向希特勒邀宠，以至于"党内弥漫着轻蔑和厌恶的气氛"。其中的一个人如此说。

"你马上去见博士，"汉克指示，"他想更新宣传部的办公楼。"

施佩尔立刻便明白了汉克说的人是谁。拥有医学学位或博士头衔的纳粹党员不在少数，但党的领导核心里只有一位"博士"：国民教育和宣传部长保罗·约瑟夫·戈培尔。这位 35 岁的天才——他身高只有 5 英尺，右脚有点瘸——似乎一心想着成为德国政界的巨人，以此报复造化对他的不公。在新的岗位上，他将控制全国影响公众舆论的各种传媒，包括新闻界、广播网和电影业。他是一个古怪又聪明的青年人，取得文学博士之前在 8 所大学读过书。从那以后，他曾试着当过作家、诗人、剧作家和新闻记者，但都不太成功，最后在 20 年代中期找到了适合自己的工作，成了纳粹党的宣传人员。他是一个很有煽动性的演说家，仅次于希特勒，希特勒对这一点并不太在乎，因为他了解戈培尔对自己的忠诚并不亚于他的天才。元首形容他是"忠心耿耿、坚定不移地为我保驾护航的人"，事实也是如此。在希特勒所有的助手中，戈培尔最接近"查理大帝的十二武士之一"的理想形象：随时准备为元首牺牲生命。

1931 年，施佩尔聆听了一次戈培尔的演讲，这个小个子煽动的"巫术般的兴奋场面"令他既着迷又反感。现在他可以从近处目睹博士实施阴谋诡计了。施佩尔的第一份工作就是修复柏林威廉广场上一幢雄伟的建筑物，戈培尔已经将它征用为宣传部的办公楼。"他给

纳粹的权力中心

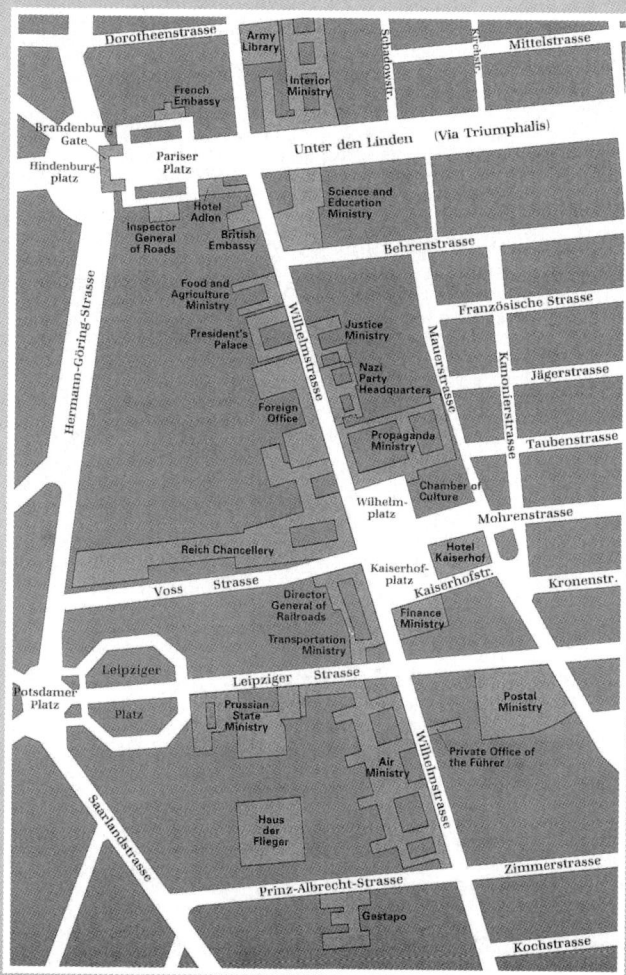

左边的地图标明了柏林的纳粹政府所在地。当时是 1939 年 1 月，希特勒刚刚搬进了位于威廉街和沃斯街交汇处的新的帝国总理府(Reich Chancellery)。元首的助手们都争取在靠近总理府的房子里办公：约瑟夫·戈培尔的宣传部 (Propaganda Ministry) 正好与总理府相对；赫尔曼·戈林的空军部 (Air Ministry) 与总理府隔了一个街区，位于威廉街和莱比锡大街的交汇处；与空军部只隔了一个街角的阿尔布莱希特亲王街 8 号是海因里希·希姆莱的盖世太保(Gestapo)所在地，这可能是第三帝国最令人生畏的地址。

我下达了正式的任务，要我立即开始工作，"施佩尔说，"根本不等我估算费用，也不管是不是能搞来这么多资金。"施佩尔很快就发现，希特勒的高层助手花钱都是这么大手大脚的，他们只需向同样挥霍成性的希特勒汇报。受命全权处理此事的施佩尔花钱比较节制，只是按照原来的设计对这幢楼进行了翻修，没有大肆装潢。结果差点毁掉了施佩尔尚未步入正轨的纳粹建筑师生涯。经过几个月的忙碌，又花了不少的钱之后，戈培尔认为

1934年，希特勒在元首山庄与艾伯特·施佩尔一起讨论一张建筑设计图。希特勒对施佩尔的设计表现出来的兴趣令这位年轻的建筑师受宠若惊，他发现自己"完全被希特勒迷住了，愿意追随他到天涯海角"。

施佩尔的翻修设计"不能给人深刻的印象",下令将室内重新装修得富丽堂皇,施佩尔简洁地称之为"远洋客轮风格"。

尽管戈培尔认为施佩尔的设计不能让宣传部办公楼变得金碧辉煌,后者为他设计装修的住所——戈培尔不给对方任何献媚的机会便强行搬进了一个内阁低等官员的家里——却令他感到满意。施佩尔必须在两个月内将住所装饰一新,还要另盖一座大厅——这个轻率的许诺被戈培尔告知了希特勒,希特勒表示怀疑。施佩尔得知元首的态度之后,指挥工人连续三班、夜以继日地干,终于在规定日期之前完成了工程。随后他又画龙点睛地从柏林国家美术馆"借来"德国表现主义画家埃米尔·诺尔德的几幅水彩画,挂在屋子里。戈培尔和妻子马格达非常喜欢这些画。但是希特勒来住所参观的时候看到这些现代艺术作品,顿时大发雷霆。希特勒在《我的奋斗》——施佩尔怎么也看不懂这本蠢话连篇的"杰作"——中明明白白地指出,这样的先锋艺术代表的是文化上的布尔什维克主义。希特勒责骂戈培尔,后者则斥责施佩尔:"必须马上把这些画拿走!简直让人难以忍受!"这是施佩尔头一次见到希特勒迫使高傲的下属按他的意志行事。"戈培尔在希特勒面前只得奴颜婢膝,"施佩尔说,"我们的处境都差不多。我虽然很喜欢现代艺术,也不得不默不作声地接受希特勒的观点。"

施佩尔很快就有机会目睹更多人在希特勒面前的奴

颜婢膝。尽管施佩尔在艺术观点上犯了错误，希特勒却很欣赏他为戈培尔装修住所的高效率，便把他网罗到自己的保护伞下。不久，这位新来者便成了希特勒饭桌上的常客，同时也招来了老资格的元首亲信的嫉妒。向施佩尔投来敌视眼光的人中有一位有充足的理由认为自己是希特勒的第一副手，他就是赫尔曼·戈林。这个神气活现的人有着越来越大的腰围，还很喜欢浮华的大场面，对瘦小的、不爱抛头露面的希特勒起到了广受欢迎的陪衬作用，在内心里他是一个狡猾残忍的人物。戈林在一战中是一个战功卓著的战斗机飞行员，1922 年当他 29 岁的时候与希特勒联手，先是担任臭名昭著的纳粹党冲锋队，或称褐衫队的首领，专门恐吓政治对手。戈林自己解释说，他之所以把自己的命运与纳粹党绑在一起，是因为他想参加革命，"而不是因为某种胡说八道的意识形态"。希特勒上台之后，戈林控制了普鲁士——德国最大的州，亲手打造了令人生畏的盖世太保。不久之后，他将把精力投入到重建德国空军的计划中去，这项艰巨的工程最终稳固了他作为第三帝国二把手的地位。

如果说希特勒的助手中有谁的才干赶得上他，那就是戈林。但是施佩尔发现，在希特勒的面前，戈林表现得更像个雇工，没有多少身为诸侯的气势。施佩尔为戈培尔翻修住所的时候，正赶上戈林从普鲁士国库调来资金大肆装修自己在柏林的家。装修之后的房子里彩色的玻璃窗上垂着厚厚的天鹅绒窗帘，显得很有气派，却有点阴暗压抑。希特勒去参观的时候，说出的话深深地刺伤了戈林。"太黑了！"他大声说，"谁能住在这么黑暗的房子里？"几个月之后，仍旧深感懊恼的戈林与希特勒及施佩尔一起用餐，猛然间想到了一个办法既可以讨得元首在艺术上的赞赏，又可以在建筑师面前耍一耍威风。"施佩尔是不是在装修您的府邸，我的元首？"戈林问道，"他是您的建筑师吗？"当时施佩尔还没有这种资格，但是希特勒似乎是为了刺激戈林，故意给了肯定的答复。"那么请允许我也聘请他重新装修我的房子。"戈林大胆地说。希特勒同意了，用餐一结束，戈林便把施佩尔塞进他的豪华汽车里，正如建筑师所描述的，"像架着一件战利品那样"扬长而去。

到了戈林的家里，施佩尔发现房子的阴郁氛围比希特勒所说的有过之而无不及。房间很小，堆满了体积庞大的古董，感觉很沉闷。"屋里有一个小教堂似的构件，上面悬挂着卐字，"施佩尔说，"连天花板上、墙壁上和地板上都刻着卐字。感觉好像这里总是发生一些非常沉重、非常不幸的事情。"戈林丝毫没有为这样的装潢辩护。"我自己也受不了，"他对施佩尔声言，"你想怎么干就怎么干。由你全权负责——只要效果与元首的府邸差不多就行。"

施佩尔手里掌握着大量的政府资金，便请来工人把墙推倒，拓宽戈林的住所房间，其中戈林的书房有1500平方英尺，赶得上希特勒的办公室。为了让这幢坟墓一般的房子变得亮堂起来，施佩尔在外面加了一个构件，门窗全是玻璃，用青铜镶嵌——在德国，只有重要的军事和工业部门才有资格用这种金属，但是戈林毫不费力就可以挪为私用。住所的大厅里陈列着希特勒不可能反对的一幅艺术精品——鲁本斯的《追逐雄鹿的黛安娜》——戈林把柏林博物馆里的这幅藏品据为己有。（随着时间的推移，戈林盗用珍贵艺术品的欲望越来越强烈，甚至到了不顾一切的地步。）不过他最珍爱的还是放在办公桌上的一幅巨大的希特勒的照片。这张照片是希特勒送给他的高级助手的，本来是标准尺寸，但戈林把送给自己的这张放大了，以显示自己在希特勒面前最得宠。

在重新装修住所的那段时间里，戈林一直住在柏林的一所空房子里，这所房子的装潢毫无品味可言，比较起来，戈林的住所反倒显得典雅大方。有一个房间的四面墙壁从上到下镶满了俗艳的玫瑰花浅浮雕——施佩尔形容这种风格为"丑恶的精髓"。施佩尔和戈林经常在这里与负责装修戈林住所的设计师——他是一位很有眼光、很有修养的绅士——一起协商各种事宜。戈林为了找乐，故意羞辱这位设计师。有一次他指着墙上俗气的玫瑰说："你不觉得它们很美吗？我的意思是让你把我的住所装饰成这个样子。"设计师因为太害怕，不敢说出自己的真实想法。戈林又接着说："这些玫瑰花一朵接一朵，缠绕得多漂亮！"最终，前额汗如雨下的设计师不得不屈服于这个折磨他的人，对戈林的提议表示赞同。设计师违心的赞美让戈林尝到了报复性的快感。"他们都一个样！"事后他心满意足地对施佩尔说。建筑师后来在回忆录里写道，戈林的话说得太对了。"他们都一个样，戈林也不例外，"施佩尔写道，"每次一起吃饭，戈林总是不厌其烦地告诉希特勒，现在自己的住所是多么宽敞明亮：'就像您的府邸，我的元首。'如果希特勒府邸的墙上也爬满了玫瑰花，戈林也会效仿的。"

这段插曲表明，那些对希特勒阿谀奉承的人常常强迫他们的下属以同样谄媚的方式对待自己，以此得到补偿。这种反射作用不仅在有关品味的小问题上，而且在至关重要的国家大事上压制住了批评的意见，永远也撼动不了那些身居权力顶层的人心里残忍的偏见。最明显的例子出现在希特勒的另一个溜须拍马的同事——海因里希·希姆莱，党卫队首领——一手缔造的组织里。据施佩尔观察，不爱抛头露面的希姆莱很少出现在希特勒的身边，他更愿意结交党卫队的奴才，"从他们那里享受到无条件的尊崇"。他对元首敬畏有加，人人都知道他给希特勒打电话的时候一定要磕脚跟立正，他反过来也要求下属绝对地服从命令听指挥。事实上，通过灌输绝对的服从观念，希姆莱把他的组织变成了举世无双的恐怖机构。希姆莱非常了解他的手下会执行任何命令，

　　1938 年，在柏林奥林匹克体育场举行的夏至节上，纳粹党员们手持火炬围着一堆火焰冲天的篝火，戈培尔正在向他们发表讲话。这位宣传艺术大师对自己能够煽动"最原始的民众本能"而感到自豪。

不管他们对此有多反感，通过这种方式，希姆莱精力充沛地为希特勒充当手握生杀大权的执行者——在某种意义上，这个事实可以解释他们两人为何总是明智地保持一定的距离。1933 年，希姆莱创建了第一个由党卫队管理的集中营，这样的集中营将像伤疤一样遍布纳粹德国的地盘。1934 年，他从戈林手中夺取了盖世太保的大权，把它改变成一个专门监视和逮捕所谓的国家敌人的政府机构。

与此同时，希姆莱沉溺于玩弄神秘主义的花样，给党卫队的新成员规定了一些古怪的誓词和仪式，希望借此建立雅利安人精英分子之间的兄弟情谊。希特勒尽管自己深受迷信思想和幻想所害，但却觉得希姆莱不切实际的念头很可笑。"真是胡说八道！"他轻蔑地说，"现在我们终于迈进了一个新时代，把一切的神秘主义都抛在背后，而他却想重新再搞这些名堂。我们还不如挪用教堂的那一套。最起码它还有一个传统。想想有一天我可能会变成党卫队的一个圣徒！"不过希特勒并没有试图控制希姆莱或者肃清党卫队中的神秘主义倾向。他非常明智地让自己的副手们在各自的权限范围内为所欲为，以此奖励他们那种卑贱的忠诚。在希特勒面前，他的副手们就像是地位低下的学徒，而一旦离开他的视线，他们就变成了巫师，手握天神一般的特权而得意忘形。

年轻的施佩尔与希特勒身边其他的人一样，受到这种让人陶醉的权威地位的引诱。尽管他对国家社会主义

并不是非常热衷，却仍把自己出众的才华用于规划纳粹
党最庄重的仪式——每年在纽伦堡举行的
党员大会。他的创新之一就是运用强烈
的灯光为在宽广的齐柏林广场上举行
的夜间党代会照明。施佩尔不顾戈
林的反对征用了 130 个防空用
的探照灯，赶在希特勒演讲
之前在广场上每隔 40 英尺
放置一个。他得意地回
忆道，这些垂直的光柱
"在 20000 米到 25000 米
的高空都能看得清清楚楚，再高一
点就汇成了光的海洋。感觉就好像是一间宽敞无比的
屋子，这些光柱如同庞大的柱子，四周围着高不可及的
墙壁。时不时地有一朵云彩飘过广袤无边的光环，为这
个犹如海市蜃楼的场面更增添了一种超现实的感觉"。

在 1929 年 的一次纳粹街头游行中，戈林（右）双拳紧握，下颚紧缩，摆出一副战斗的姿势站在希特勒身边。希特勒感念于戈林的忠诚，赠送他一本《我的奋斗》（上），戈林将这本书包上银制的书皮，并把家族的纹章雕刻在书扣上。

　　对于一个几年前仍在曼海姆寻找不起眼的设计任务
的建筑师来说，为公认的德国的拯救者和热爱他的民众
建造一座"灯光大教堂"，付出再大的代价也是值得的。
只是事后施佩尔才意识到他得为与魔鬼的交易付出多大
的代价。这次的设计为施佩尔带来了难以想象的机遇，
其中包括重建帝国总理府，在柏林设计建造一个新的帝
国行政区，作为希特勒许诺的千年帝国不朽的中心装饰
品。但是施佩尔最终成了希特勒的傀儡走卒，进入了他

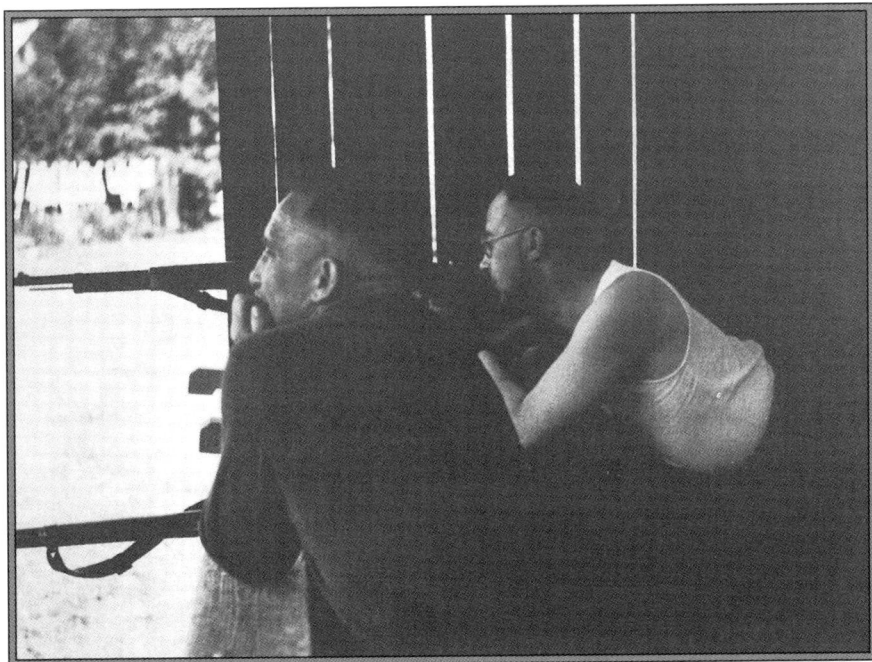

那臭名昭著的等级权力体系。

在希特勒的助手中，施佩尔是与众不同的一个，因为他偶尔会感觉到良心的剧痛，会认为自己在背叛自己的一些道德准则。其他的大多数人——包括权势遮天的三巨头：戈培尔、戈林和希姆莱——自从加入纳粹党那一刻起就彻底堕落了，他们没有任何的顾忌。这些凶残成性的操纵者认定，在希特勒的政治集团里，唯一的死罪就是对元首不忠。其他的一切都可以宽恕，希特勒的助手们充分利用这一特权为所欲为，仿佛希特勒的任期就是漫长的五朔节前夜——在异教徒的时代，德国人最害怕这个夜晚，因为女巫和魔鬼此时会兴风作浪。

1936 年，党卫队全国领袖海因里希·希姆莱身上只穿着一件背心，在练习实弹射击。希姆莱很少同情他手下的国家警察追捕到的人犯，但他和希特勒一样，对捕杀动物表示反感，认为那是"不折不扣的谋杀"。

大概除了唯利是图的赫尔曼·戈林之外，希特勒的亲信中没有谁比尤利乌斯·施特莱彻更厚颜无耻地利用他与元首的关系了，施特莱彻是老战士之一，从纳粹党刚刚崛起的困难时期就忠心耿耿地跟随希特勒。与其他野心勃勃的老战士一样，施特莱彻的努力也得到了丰厚的报答，他分得了纳粹政治地盘的一部分，当上了北巴伐利亚弗兰科尼亚大区党部书记，辖区内包括纳粹党的圣地纽伦堡。大区党部书记们都是一些铁腕人物，他们目中无人地统治着自己的辖区，不得志的纳粹党官僚称他们是"小希特勒"。施特莱彻属于最强硬的一类。他身材矮小结实，脖子粗壮，秃顶，浑身散发出的活力倾倒了狂热的追随者，却让其他许多纳粹党人感到厌恶。他根本不把别人的批评放在眼里，因为他是纳粹党内最重要的希特勒心声——憎恨犹太人——的拥护者。早在1925年，他就公开提议彻底消灭犹太人。

我们不清楚施特莱彻对犹太人的刻骨仇恨从何而来，但是有证据表明他的祖先中可能有犹太人——这种可能性也困扰着其他几位纳粹党的高层官员，其中包括希特勒本人，与此同时却加深了他们对犹太人的偏见。不管它的根源是什么，施特莱彻对犹太人的敌意简直到了无以复加的地步。他在一战中战功卓著，回到家乡之后创建了一个致力于反犹太人的小政党。1922年，37岁的施特莱彻带领全体党员加入了希特勒刚刚成立的纳粹党。第二年，他创办了《冲锋队员》报，主要刊登一

些语言粗俗下流的文章和漫画,指责犹太人犯下了许多
耸人听闻的罪行,包括在一战结束时向同盟国出卖了德
国的国家利益,以及诱奸雅利安处女,后一种指控被施
特莱彻编得极差的报纸用色情语言详细地加以描绘。

希特勒特别喜欢《冲锋队员》报,称这是他从头读
到尾的唯一一份报纸。他非常欣赏报纸主编的活力和忠
诚,在很长一段时间里,施特莱彻一直是希特勒亲昵地
称作"你"而不是正式的"您"的少数人之一。施特莱
彻则永远也忘不了第一次听希特勒讲话的感觉:他同啤
酒馆里坐在身边的人一样,坚信自己看到了希特勒头上
的光环。除了主编《冲锋队员》——该报纸在30年代
末期的最高发行量达到70万份——和担任弗兰科尼亚
的大区党部书记之外,施特莱彻还充当希特勒在种族政
策上的执行者。元首选派他指挥了纳粹政府第一次公开
的反犹太人行动,即1933年4月联合抵制犹太人的商
业经营。

施特莱彻反犹太人的狠毒立场自然而然地使他赢
得了元首的欢心,因为他们两人都沉溺于同样的奇思怪
想——他们对犹太人道德败坏的种种可怕的猜忌实际上
投射出困扰他们内心的焦虑和渴望。希特勒在《我的奋
斗》中用污秽的语言描绘了所谓的犹太人的淫欲。有一
段话是这样写的:"一头黑发的犹太青年脸上堆着撒旦
般的快乐,躲藏在暗处等着毫不知晓的女孩,他用自己
的血玷污了女孩,把她从她的种族那里抢夺了过来。"

希特勒的梦中之城

希特勒梦想着建立一座由纪念碑和公共建筑物组成的都城，其规模之宏大胜过世界上的任何城市。他把这座都城叫作"日耳曼尼亚"。上台伊始，他便交给阿尔伯特·施佩尔一项艰巨任务：改造柏林，把他在建筑上的奇思妙想变成现实。元首把巴黎、维也纳和罗马列为参考的对象，但他坚持要让日耳曼尼亚在规模和气派上超过这些城市。"我这样做的目的是重塑每个德国人的自尊心，"他解释说，"我们并不低人一等；我们完全可以和其他任何一个民族并驾齐驱。"

然而，规划中的规模庞大的城市忽略了那个时代的建筑师开始强调的人性的因素。希特勒似乎完全不懂得需要比例、绿地、住宅和交通顺畅的道路，这些都是城市生活令人向往的要素。即便在战争爆发之后，希特勒仍要求继续修建日耳曼尼亚。模型建起来了（右），但是战时的生产需求使得它不可能变成现实。

1939 年拍摄的由希特勒设想、施佩尔搭建的日耳曼尼亚城模型。一条 400 英尺宽、3 英里长的林荫大道横贯市中心，一端连着凯旋拱门（上部），另一端连着高耸的半球形大厅（中部）。

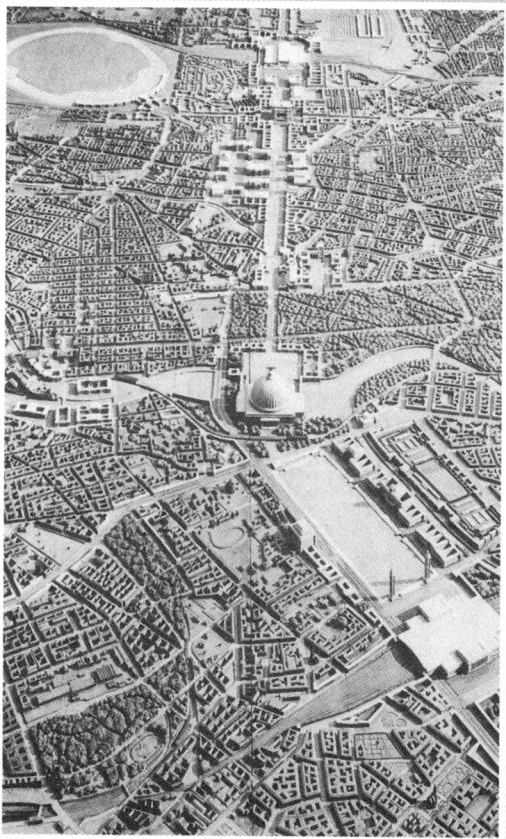

上图 1936年，希特勒把拱门（上）和大会堂（右）的草图交给施佩尔时说："10年前我就画了这两张草图。我之所以一直保存着它们，是因为我坚信总有一天我会建造这两座宏大的建筑物。"这座拱门的原型是巴黎高160英尺的凯旋门，它的高度将达到400英尺，在它的花岗石上将刻下一次大战中死亡的180万德国将士的姓名。穹顶大会堂将可以容纳好几个罗马的圣彼得大教堂。

下图 左边的模型里，一个绿荫覆盖、东西走向的市内广场的尽头是勃兰登堡门（中）。远景是宏伟的总理府，将取代施佩尔于1939年完成的总理府。

右图 右边的模型里，连接穹顶大会堂（上）和纪念拱门的大道两旁排列着11座政府部门办公楼。前景的大建筑物是火车站。施佩尔写道，来访的客人一走出火车站，就会"被市区的景色和帝国的强大惊得目瞪口呆"。

在1927年纳粹党的一次集会上，尤利乌斯·施特莱彻安排人们在路上撒满鲜花，欢迎希特勒来到纽伦堡（上），站在元首专车旁边秃头的施特莱彻几乎不被人注意。他是一位忠心耿耿的纳粹党老党员，主编反犹太人周刊《冲锋队员》。左图所示的《冲锋队员》报头版上印着一句口号："犹太人是我们的克星！"

这样的语言恰恰反映了希特勒的性幻想，正如他对犹太人政治目的的煽动性描写恰好映照出他自己惨无人道的野心。他在《我的奋斗》中对犹太人控制世界的结局的设想，正好与波兰最终被纳粹占领的情形吻合。他认定，一旦犹太人掌握了政权，他们将"斩尽杀绝这个国家的知识分子，通过消灭各民族人民的知识领导阶层，使他们甘愿接受永远受宰制和奴役的命运"。

与元首相比，施特莱彻更加明目张胆地把自己的邪恶念头转嫁到犹太人身上。他总是不停地攻击犹太人贪婪、好色，而他自己正好就是一个臭名昭著的既贪婪又好色的人。为了发财致富，扩充他的报业集团——除了《冲锋队员》报，他还兼并了另外 10 家报纸——他参加了一个形同强盗的计划，逼迫犹太人仅以十分之一的价钱出售自己的家园和生意。在 1938 年不到一个月的时间里，施特莱彻和他的同党进行了 569 桩财产交易，大约获利 2100 万马克（或 840 万美元，如果以一马克兑换约 40 美分计算的话）。施特莱彻自己仅用二十分之一的价钱买到了一座工厂。他的其他收获中还有康斯坦斯湖附近的一座乡间别墅，别墅极其豪华，据说连它的猪圈都值一栋房子的价钱。

与此同时，人们渐渐了解施特莱彻还是一个性虐待狂和酒色之徒。他吹嘘自己是一个极有修养的人，会写诗，画水彩画，喜欢动物，几乎滴酒不沾。但是有时他会穿着游泳裤去办公室，常常手里攥着犀牛皮做的马鞭在党部办公楼里甩开大步走，还经常挥舞马鞭恐吓下属，惩罚敌人。有一次他闯进了纽伦堡监狱，狠狠地抽打关在牢里的一个政治犯。"现在我舒服多了，"事后他说，"我实在需要发泄一下。"这样的行为似乎与他强烈的性欲和对性的痴迷密切相关。他不仅有一群情妇，还与任何一个有好感的女人调情，此外，他还收集了许多的色情作品，并做一些见不得人的可怕采访。他去达豪集中营询问囚犯们的性幻想，还去监狱反复盘问少年罪犯的手淫习惯。

不管怎样，希特勒都极力支持施特莱彻，称赞他是"并肩作战的朋友和同志"。早在1925年，元首就针对有人指控施特莱彻和其他粗鲁的老战士们一事写道："我不认为改良甚或塑造身边的人力资源是一个政治领导人应该做的事情。"事实上，希特勒喜欢起用有缺点的人才。正如他所说的，"人格有瑕疵的"下属更容易对他的提携感恩戴德，对他的权威永志不忘。

希特勒另一位神气活现的助手罗伯特·莱伊与施特莱彻一样放荡成性，莱伊本来是一个药剂师，1924年34岁时在科隆加入了纳粹党，后来做了莱茵省的党部书记。莱伊身材矮小，面色红润，说话虽然有点口吃却极富煽动性，他爱喝酒，并且经常大发脾气——一战中他的飞机被击落，他的头部因此受了伤，这一点可能加重了他酗酒和爱发脾气的毛病。作为党部书记，他以毫不留情地陷害辖区内的犹太人而声名狼藉；一位同僚

纳粹党核心权力集团中的长幼尊卑顺序可以由勋章来标明。带栎树叶的金质党员勋章（上）授予阿道夫·希特勒长期的支持者和一些包括阿尔伯特·施佩尔在内的功勋卓著的后来居上者；血的秩序勋章（中）授予希姆莱、赫斯和戈林这些参加了1923年的慕尼黑暴动的老战士；带栎树叶的金质希特勒青年荣誉勋章（下）授予像罗伯特·莱伊这样在希特勒上台之后仍帮助将德国纳粹化的行政官员。

称他为"纳粹党的斗牛头"。在希特勒的默许下，莱伊
稳扎稳打地扩大自己的地盘。1932年，他爬上了纳粹
党组织部长的宝座。第二年，纳粹党上台执政，莱伊试
图控制普鲁士州议会，加强自己手中的权力。他输给了
戈林，因为戈林说普鲁士是他的私人领地，不过莱伊很
快便找到了一个更大的肥缺：他成了劳工阵线的负责人，
纳粹党的这个机构取代了传统的工会，最强盛的时候统
治着2500万工人和雇员，是第三帝国最大的群众组织。

莱伊挪用劳工阵线数目越来越大的会费——1935年
超过了5亿马克——以组织的名义开展了一系列的商业
经营。劳工阵线通过10家不同的公司出售保险，发行
报纸和书籍，建造房屋，最先出现的现代化超市中有它
的一家，还开办了一家工厂生产希特勒引以为荣的大众
车。除了这些门类广泛的经营，莱伊还指示劳工阵线的
附属机构"快乐产生力量"组织一些文化活动，以"充
实德国工人的心灵"，这些为他赢得了空想社会主义者
的美名。希特勒曾经称他为"最了不起的理想主义者"。
然而，莱伊从来没有停止过从劳工阵线的金库里捞取钱
财。尽管他喜欢称自己为"一个穷工人"，却像大亨一
样住在好几幢堆满最昂贵家具的豪华别墅里，出门旅行
时有专列伺候。

不止是搜刮金钱，莱伊的品行举止也绝不会让纳粹
政府感到自豪。他酗酒成性，批评者称他是"帝国的酒
鬼"。1937年，温莎公爵和夫人作为劳工阵线的客人

从英国来德国访问，喝得醉醺醺的莱伊开车带他们参观慕尼黑城外一家工厂工人住的棚屋。"他开着车冲开了紧锁的大门，"一个助手回忆说，"随后开足马力在棚屋之间来回狂奔，工人们惊恐万分，有几个差点被他压死了。第二天，元首派戈林接管温莎夫妇，以免他们被莱伊害死。"1939 年，莱伊在劳工阵线内发动了一场禁酒运动，这事并没有明显的反讽意味。"饮酒有节制是不够的，"他声称，"我们必须彻底戒掉。"然而他在家里的行为举止却极尽放纵之能事。1938 年，他抛弃了结发妻子，另娶了一位更年轻、更迷人的女人英奇。英奇金发碧眼，身材高挑，高雅大方，莱伊深感自豪。在离柏林不远的家里招待客人时，他常常拉开布帘请他们欣赏与真人一般大小的英奇的裸体油画。据说他曾从背后撕开英奇的衣服，试图向客人展示她的裸体。

在大多数情况下，希特勒对助手的丑行和罪恶视而不见，或者无关痛痒地批评几句。（他反对莱伊抽烟喝酒，但只是臭骂几次了事。）偶尔有几回，当他的高级助手声望岌岌可危的时候，希特勒会果断地进行干预。纳粹政府成立的早期，戈林常常和一个与丈夫分居的德国女演员埃米·索恩曼出双入对。埃米最终与丈夫离了婚，但是戈林似乎并不着急娶她，因为他一直忘不了 1931 年死于肺结核的结发妻子卡林。悲痛欲绝的戈林在柏林北边为卡林修建了一座豪华的陵宫。所谓的卡林堂有一座盛放卡林遗体的花岗岩陵墓，大约花费了政府 1500

万马克。宽容的埃米有时会与戈林一起去那里看看。希特勒同情戈林左右为难的处境：他自己与爱娃·布劳恩谈情说爱，心里却想着他的外甥女——于1931年自杀身亡的吉莉·拉包尔。但是元首认为，戈林作为他最引人注目的助手，必须拥有一份完美无缺的家庭生活。1935年初，希特勒表态说，戈林和索恩曼该宣誓结婚了。那年4月，戈林迎娶了索恩曼，但是他羞怯地对一个客人坦白：他只是"遵照元首的吩咐"才这样做的。

三年后，希特勒又插手干涉一个高级助手的私生活，不过这次是为了挽救约瑟夫·戈培尔和玛格达·戈培尔的婚姻。玛格达是希特勒最喜欢的女主人之一，戈培尔家的6个孩子都叫他"元首伯伯"。希特勒称赞他们夫妇俩是国家的楷模，约瑟夫经常与电影明星一起鬼混，可谓臭名昭著，玛格达偶尔也有外遇，但都比较谨慎，希特勒却对此视而不见。1938年10月，宣传部长最近狂热地迷恋上了一个情妇、捷克演员丽达·巴洛娃，竟然准备放弃事业与她远走高飞。玛格达从一个仰慕者——即丈夫的副手卡尔·汉克那里了解到丈夫对巴洛娃的用情之深——汉克将上司的不忠行为搜集整理成册，交给了玛格达，其中有一些情书复印件。为了防止这件轰动性的丑闻暴露出纳粹政府强调传统家庭观念的虚伪，希特勒横加干涉，坚持要戈培尔与巴洛娃分手，和妻子儿女待在一起。与此同时，希特勒所信任的三巨头之一的海因里希·希姆莱与妻子玛格丽特永久性地分居。希姆莱最终也没有提出离婚。但他长期与秘书保持情人关系，并生下了两个私生子。

　　希特勒的亲密助手中有不多的几个人表现得忠于中产阶级的家庭生活，其中就有鲁道夫·赫斯，他一直与结发妻子住在慕尼黑市郊朴素的家里。但是这种温暖舒适的家庭生活并没有使赫斯讨得元首的喜欢，希特勒反而嘲笑屋里简朴的装潢显得很没有品位。据一位知情者说，赫斯的住所非常不符合元首的审美情趣，希特勒在1934 年宣布不能指定赫斯为自己的继任者，因为他的家居装潢"显露出他完全不懂艺术和文化"。事实上，赫斯从一开始就不可能接替希特勒的职位。与希特勒亲信集团的其他人一样，赫斯也是个老战士——在 1921 年的一次乱哄哄的集会上，忠心耿耿的赫斯挡住了砸向希特勒的一个啤酒杯，前额上留下了永久的伤痕。然而赫斯不像施特莱彻、莱伊等其他纳粹党老战士那样顽强好斗。只有从他那对乌黑的浓眉下深陷的眼窝里迸发出的火光，我们才能感受到他内心的狂热。

　　赫斯根本就是一个不具备领袖气质的追随者。还在慕尼黑大学读书的时候，他就一直在寻找一个值得崇拜的英雄。1920 年赫斯 26 岁时遇到了希特勒，一眼便认定他就是自己寻找的英雄。赫斯后来说，当时他兴奋得"如同看到了上帝显灵"。他的妻子回忆说，赫斯听完希特勒演讲，一回到公寓就像着了魔似的大喊："就是这个人！就是这个人！"赫斯成了纳粹党的第 16 位党员，像奴隶一般对希特勒忠心耿耿。"谁都知道希特勒代表真理，"他后来说，"他将永远代表真理。"1923年，希特勒政变——即所谓的啤酒馆暴动——失败之后，赫斯与主子一起蹲监狱，并在那里笔录了希特勒漫无边际地自我推销的书——《我的奋斗》——的绝大部分。从那以后，赫斯一直担任希特勒的私人秘书，对他以表示亲近的"你"相称，并且无私地充当他的知己和密友。据说是赫斯一手创造了"元首"这个尊称。

1933年，希特勒上台之后，赫斯仍旧心甘情愿地生活在希特勒的阴影里，只是现在有了正式的头衔。元

德国劳工阵线领导人罗伯特·莱伊（左起第二人）在自己的组织所经营的一个度假山庄里察看普通的洗脸盆。莱伊发誓说要"扩大工人们的权利范围"，但劳工阵线的成员们却被禁止罢工，还要交纳很高的会费。

权力的中心

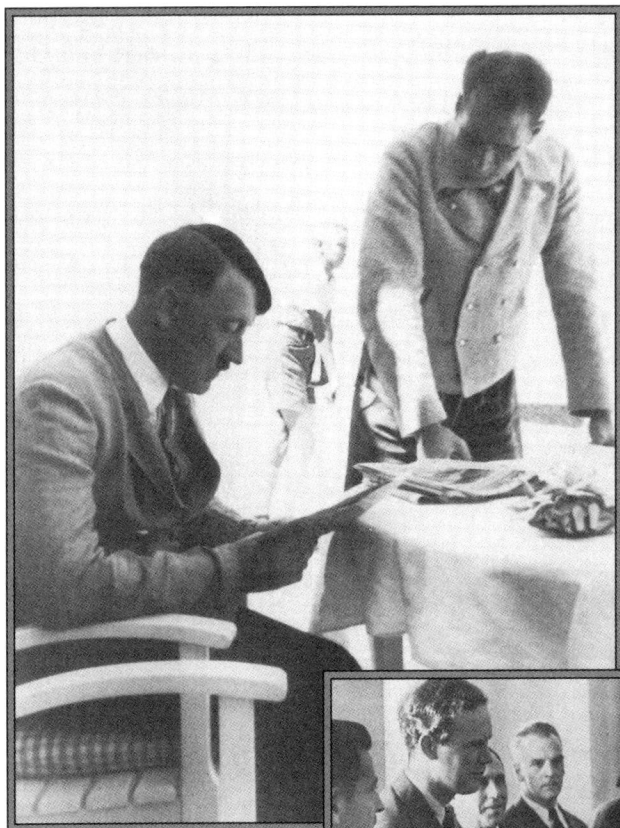

在元首山庄，鲁道夫·赫斯在早餐桌旁充满期待地注视着希特勒读报纸。赫斯坚信"全心全意地为元首服务"、毫不犹豫地执行元首的命令是自己义不容辞的责任。作为副元首，他很少主动采取任何行动。只有在庆典场合他才扮演重要的角色，比如说下图所示的，他在1935年接见美国飞行员同行查尔斯·林德伯格（面朝赫斯者）。

首不仅指定他为纳粹党的副元首，还让他进入内阁做不管部部长。赫斯把一摞一摞的文件到处搬来搬去，将它们改成正规的公文式语言，在元首下达的许多命令上签名，但是他很少自己下达命令，或者行使权力。他的怯懦可能是希特勒看中他的原因，因为元首担心出现一个与他势均力敌的竞争对手。赫斯最风光的时刻是在群众集会上，他伸直胳膊敬礼，双眼闪闪发亮，将元首介绍给人们。

在 30 年代后期，赫斯开始信仰纳粹主义推崇的伪科学，对元首的崇拜进一步加强。他聆听顺势疗法医生的建议，请星象专家通过星座位置描画出他的未来命运，并在床头悬挂磁铁，驱邪避魔，恢复性能力。赫斯对食物非常讲究，连和希特勒一起进餐的时候也会带上特别配制的"生命活力"食品——直到元首（尽管他也喜欢新奇的食物）发现了他的无礼举动，加以禁止。赫斯还有一个与元首非常相似的毛病——喋喋不休地谈论自己喜欢的话题。希特勒很快就厌倦了他那些神叨叨的话语。"和赫斯在一起聊天，"他说，"真是一种不堪忍受的折磨。"

副元首对民间药物和其他神秘事物越来越着迷，这正好给他机警而又野心勃勃的助手马丁·鲍曼创造了崭新的机会。鲍曼身材矮胖，双肩上耸，长着一头有些谢顶的黑发，待人没有多少架子，是纳粹党的头面人物中最不出名的一个。他的长相太平常，嗓音又难听，在公众场合演讲非常没有号召力，所以他也很有自知之明地避免成为众人注目的中心。政府控制的媒体极少提到他，即便提到了有时连名字也拼错。但是鲍曼勤勤勉勉地处理赫斯和希特勒乐意授权的很多财政和官僚事务，作用逐渐变得不可取代，毫不张扬地成了元首的得力助手。

鲍曼 1927 年 26 岁时加入了纳粹党，很快便开始顽强地向上爬。他上中学时中途退学，战后成为右翼治安维持会的一名成员，并由于参与政治谋杀以前的小学老师而入狱一年。作为纳粹党的公务人员，鲍曼很快就掌握了财政大权，建立起一个救济基金，用于帮助那些在希特勒上台过程中参加流血斗争而受伤的同志。1929年，鲍曼与格尔达·布赫结婚，有力地推进了自己的事业。格尔达的父亲掌管纳粹党的法庭，负责维持党内纪律，职位相当重要，连希特勒也会来参加他女儿的婚礼。

1933 年，鲍曼当上了赫斯的副手，成为纳粹党权力核心的一分子，通过掌管希特勒的个人财政收入，他非常聪明地掌握了一个重要的权力杠杆。鲍曼安排对有元首画像的每一张邮票征收特许权使用费，从而开发了一种新财源。每张邮票须交的费用虽然不到一芬尼，但总共加起来却有几百万马克。

鲍曼操纵的一个特殊的行贿基金带来了更丰厚的油水。这个所谓的希特勒基金是一些由德国重整军备而大发横财的工业家捐献的。光第一年基金就有一亿马克进账。鲍曼本人小心翼翼地避免中饱私囊；他用这些钱

1938 年，当德国代表团来参加慕尼黑会议时，马丁·鲍曼（右）设法向元首进言。鲍曼在政治上的精明和他所穿制服的颜色使他得了个"褐衫显贵"的绰号，他极度看重自己与元首的亲近，连度假也必须与元首在一起。

来拍纳粹党显要人物，尤其是元首的马屁。是鲍曼抽调现金把元首在贝希特斯加登简朴的度假小屋翻修成了豪华的别墅。根据施佩尔的估计，这个工程的一部分——通往贝希特斯加登的公路和从元首山庄通往山顶茶室的电梯——花费了 2000 万到 3000 万马克。希特勒内阁中的一些持怀疑态度的人嘲笑说，鲍曼在山里启动了一场逆向的淘金热。"他没有淘到任何金子，"他们说，"却花了不少。"

金钱上的挥霍不是鲍曼讨好希特勒的唯一办法。他知道元首最讨厌文书工作，所以总是随身携带纸笔以便记下希特勒的命令、问题和随意说的话。即便在午餐桌上，一个同事观察到，鲍曼总是把笔记本放在腿上，"全神贯注地聆听，飞快地记录"。对鲍曼来说，没有哪个问题或要求是可以不当一回事、不认真照办的。比如说，如果元首随意地对一种调料表示好奇，他的助手肯定会为他找来配方。

鲍曼不仅为希特勒充当书记员，还担任他的文字编辑，通过这样的方式不声不响地加强自己的权力。他把元首凌乱的指示改写成连贯的命令，并使之立即得到贯彻落实。他还把希特勒的意见按提示词汇整理成卡片目录，以便将来参考。以后发布命令时，鲍曼就可以查询卡片，从元首常常自相矛盾的评语里找出自己最满意的一句。与此同时，他把需要元首采取行动的事情进行简单明了的总结汇报，赢得了希特勒的感激——并微妙地影响了他的决策。"鲍曼的报告总是恰到好处，我只需回答'可以'或'不可以'，"元首说，"有他帮忙，我 10 分钟就可以批阅一大堆文件，换另外一个人得要几个小时。"

鲍曼想尽一切办法巴结希特勒。在元首山庄，他会与希特勒一同吃素食，然后回到附近自己的避暑小屋偷偷地大吃猪排。施佩尔注意到鲍曼比希特勒的随从人员中其他的阿谀奉承者有过之而无不及——他把自己的下属当成"母牛或公牛"一样对待，以此获得心理上的平衡。他的专政对象之一便是他的妻子格尔达，他在信里腻烦地称她为"妈咪女孩"，而且常常当着朋友或陌生人的面羞辱她。他把手指放在嘴里吹口哨叫唤格尔达，

1938 年，纳粹党理论家阿尔尔弗雷德·罗森贝格在为外国新闻记者举行的宴会上致欢迎辞。迂腐、小心眼的罗森贝格与党内的竞争对手长期不和睦，但是希特勒一贯对他比较宽容。"他非常器重我，但是他不喜欢我。"罗森贝格说。

这种举动连元首山庄的客人都觉得难堪。然而格尔达却是一个不折不扣的纳粹贤妻良母，她为鲍曼生了 10 个孩子——第一个孩子取了教父的名字阿道夫——并鼓励丈夫让他在二战期间的演员情妇怀孕以进一步扩大家族体系。

鲍曼从默默无闻到身居纳粹党内要职，整个过程体现了一种残酷的权力运作，而希特勒和他的助手们却把这样的过程美化成适者生存的进化论。鲍曼曾经说："现实生活中战胜欺骗的不是诚实。在残酷的生存斗争中，自我表现欲更强烈和坚定的人会逐渐取得胜利。"希特勒也用相似的语言来解释下属之间冷酷、混乱的竞争状

态——这样的竞争耗费了他们大量本应该用于决定国家
大政方针的精力。"我觉得自己是一个园艺家，"希特
勒曾经说，"越过篱笆注视着植物争相沐浴阳光。"希
特勒的新闻秘书奥托·迪特里希回忆说，元首喜欢把他
的助手们比作"在政治斗争中经过自然选择而出类拔萃"
的人。这种论点认为，正因为这些卓越不凡的人物相互之间无休无止的争权夺利，德国政府才能够"攀升到进化的最高层次"。

这只是理论。现实却是另一回事。迪特里希哀叹："希特勒在德国的政治领导阶层制造了有史以来文明国家中最大的混乱。"事实上，希特勒几乎没有任何兴趣肃清这种混乱——却不遗余力地使之复杂化。他一心想着维护自己的领袖地位，所以听任下属们相互倾轧，这样一来，不会有任何人能够对他的权威构成威胁。

希特勒有怂恿他的信徒相互争斗的倾向，加上他对官僚事务极度憎恶，这两个因素使得德国曾经井然有序的政府机构变得混乱不堪，职位冲突、权限重叠的现象屡见不鲜。希特勒在每个政府部门之外还要在纳粹党内设立一个级别相当的部门，并成立一些名号大得吓人的新部门，他给所有相关的部门下达指示时常常含糊其辞，或者相互矛盾，然后便会自命不凡地坐视走卒们捉襟见肘地应付随之而来的不良后果。

比如说，在舆论宣传这一领域，戈培尔不得不应付纳粹理论家阿尔弗雷德·罗森贝格的干扰，罗森贝格的殊荣不少，其中就有第三帝国发展德语文学办公室主任的赫赫头衔，并作为元首的代表主管国家社会主义党的普通智能和哲学教育。两个职务都没有多少实权。帝国办公室只是纳粹党和德国政府主管书籍审查的 21 个办公室之一，而所谓的教育家只不过是希特勒硬加给他的古怪头衔——希特勒欣赏罗森贝格撰写种

1939 年 8 月，在与苏联签订了互不侵犯条约之后，外长约阿希姆·冯·里宾特洛甫（中）与元首一同分享喜悦。里宾特洛甫吹嘘说他所违反的协定足够"塞满一箱子"。苏德条约持续了 22 个月。

族主义宣传手册的才能，尽管他觉得罗森贝格的文字非常难懂。罗森贝格出生在爱沙尼亚，高个子，黑皮肤，是个冷峻的知识分子，似乎不太可能成为鼓吹日耳曼种族优越论的人选。但是他在 1930 年撰写的有关这一理论的《二十世纪的神话》却卖出了一百多万本，仅次于《我的奋斗》而成为纳粹党的第二大理论书籍。希特勒曾当着罗森贝格的面夸奖这是"一本充满着智慧的书"，但是私下里他却对这本书的畅销感到奇怪。（具有讽刺意味的是，希特勒的许多下属同样也对《我的奋斗》的广受欢迎迷惑不解。）不管希特勒对罗森贝格本人有什么不好的看法，他仍然保护这位没有政治手腕的人免受恶意批评者的迫害，有人称罗森贝格为"神气活现、想入非非的傻瓜"。

与希特勒的另一位腐蚀性极强的被保护人约阿希姆·冯·里宾特洛甫比起来，罗森贝格带给纳粹权力集团的刺激性实在有限。里宾特洛甫原是一位酒类经销商，在 1925 年他 32 岁的时候获得了"冯"这个贵族姓氏。他说服一个姨妈在她丈夫被授予爵位之后认他做干儿子。7 年后，他投奔了希特勒，希特勒对他的社会关系和未经证实的外交才能——里宾特洛甫为国外的生意合作者撰写过政治方面的时事通讯，还会说英语和法语，并到过加拿大这么遥远的国度——特别感兴趣。他对外交事务的精通大体上是一种错觉，但是正如希特勒的一个下属所说的，元首把任何一个从意大利度假回来的人都当成"外交专家"。希特勒让里宾特洛甫担任了一系列越来越重要的职务：1933 年任外交事务主要顾问，1935 年任无任所大使（巡回大使），1936 年任驻英国大使。所有这些都削弱了帝国外交部部长康斯坦丁·冯·牛赖特的权力，牛赖特是一位思想保守的外交官，对希特勒推行的侵略性国际政策可能造成的后果表示担忧。1938 年 2 月，就在吞并奥地利的前几个星期，希特勒提拔里宾特洛甫取代了牛赖特的最高外交官职位。

里宾特洛甫的提升自然而然地激怒了许多外交官和负责国内事务的元首助手们。里宾特洛甫却很不识趣地傲慢自大，一贯热衷于自己的想法；与希特勒相似，里宾特洛甫对外交会话的理解跟独白差不多。"谁都没法与里宾特洛甫交谈，"法国大使安德烈·弗朗索瓦－

工程师弗里茨·托特（中）向希特勒展示高速公路上的一座桥梁模型。在 1942 年因飞机失事去世之前，托特策划了几个建筑项目，高速公路便是其中之一。一位同事说："他是一个值得信赖的人。"

蓬塞说，"他只能听进去自己说的话。"里宾特洛甫在纳粹党内的同僚对他的批评更尖锐。他们非常讨厌里宾特洛甫装腔作势地摆出贵族的架势，讽刺他是"势利的冯·里宾特洛甫"。希特勒是维护他的唯一一个显赫人物，但这就足够了。他精通朝臣之道，对希特勒讲的话总是仔细聆听，记住要点，而后现买现卖地重复转述，令元首大喜过望，因为元首喜欢听到自己的思想得到呼应。外交场合的失礼——比如说向英国国王致意时说："嗨，希特勒！"——只会让元首更欣赏他。希特勒声称里宾特洛甫的能力胜过备受尊敬的19世纪德国政治家奥托·冯·俾斯麦，以此回答憎恶里宾特洛甫的其他助手们的批评之辞。不过，希特勒私下也会取笑里宾特洛甫。"如果希特勒对他表示不满，"外交部部长的一个助手回忆说，"里宾特洛甫就会请病假，像一个歇斯底里的女人那样卧病在床。"

作为外交部部长，里宾特洛甫利用他与希特勒的特殊关系从戈培尔手里抢夺了对外宣传的职责。戈培尔怒火中烧。当外交部的信使到宣传部取有关的材料时，他们发现各个办公室都设置了路障。希特勒被迫插手调停两人的争端，他把两个冤家对头叫到一起，命令他们坐下来，想出解决的办法。过了3个小时，他们没有达成任何协议。希特勒只好命令他们相互妥协，另外还加了一条谕旨，坚决禁止"让我亲自出面解决个人意见的分歧"。短暂的休息之后，戈培尔和里宾特洛甫之间的拉锯战又上演了。

与此同时，戈林也在与向他的权力挑战的各种势力做斗争。1936 年，希特勒任命戈林为"四年计划"——这个野心勃勃的计划试图在 1940 年之前使德国经济实现自给自足，为战争做好物质上的准备——的负责人，确立了戈林作为德国经济沙皇的地位。但是这个任命并没有让戈林的反对者们闭嘴。帝国经济部长亚尔马·沙赫特是戈林一贯的批评者，他对戈林的铺张浪费极为不满。（随着戈林权力的扩大，德国空军的开支也直线上升。）1937 年底，沙赫特承认在与戈林的敌对中败北，辞去了职务。他的继任者是比较温顺的瓦尔特·冯克，以前做过编辑和宣传部戈培尔的助手。沙赫特讥笑冯克是一个无精打采的"同性恋者和酒鬼"，事实上，冯克的确喝酒太多，也常常不太审慎地陷入同性恋丑闻。但是冯克是一个忠诚的下属，虽然他曾与许多犹太商人关系融洽，却积极地支持反犹太人的行动，借此显示出他对希特勒的崇拜和对戈林的尊重，同时也使他在纳粹权力集团中颇有人缘。

沙赫特辞职之后，戈林和罗伯特·莱伊之间的争斗仍然存在，莱伊以劳工阵线的名义从事着种类繁多的经营活动，对戈林在经济方面大权独揽的企图构成了很大的威胁。随着战争的临近，戈林提出，劳工阵线用于举办"快乐产生力量"等活动以改善工人生活的经费应该用来武装军队。"劳工阵线应该多生产力量，"戈林说，

"少生产快乐。"使戈林的处境更微妙的是，"四年计划"的成败关键掌握在一个名义上是他的下属、实则直接向希特勒汇报的人手里——技术统治论者弗里茨·托特。托特是一位一流的工程师，在 30 年代中期主持修建了 2000 英里用于加速军事和民事交通运输的高速公路，并因此赢得了希特勒的赏识。尽管接下来托特担任了"四年计划"的设计者和许多大型军事工程——包括保卫德国西部边境的齐格菲防线——的负责人，拥有广泛的权力，但他仍过着平静的生活，避免卷入政治斗争。施佩尔说，希特勒的助手中只有托特"抵挡住了阿谀奉承的诱惑"。即便如此，希特勒对托特有一种"类似于敬畏的尊重"。

戈林非常清楚托特的才华和他在希特勒心目中的崇高地位，便与托特达成协议，使他承诺不会颠覆戈林作为"四年计划"主持者的权威。但是当施特莱彻对他进行人身攻击时，戈林却不依不饶。1937 年戈林的女儿埃达出生之后，施特莱彻发表了一篇文章，攻击戈林性无能，埃达的出生是人工授精的结果。这种中伤触到了戈林的痛处——在 1923 年的啤酒馆暴动中戈林被子弹击中了腹股沟。这次受伤导致戈林要注射吗啡且一度上了瘾，也使他担心自己失去了性能力。

对戈林的诽谤是施特莱彻犯下的一个主要的战略错误，当时他在纳粹党内的地位岌岌可危。赫斯和鲍曼因为他拒绝执行纳粹党总部的命令而想除掉他。其他的纳粹当权人物担心施特莱彻在自己的报纸上公开指责他们反犹太人不够积极主动。希姆莱竟然派盖世太保的人员监视施特莱彻，稍有不检点的可能性便登记在册。戈林充分利用这些证据，专门成立了一个委员会调查这个腐败的大区党部书记的生意来往和行为举止，欲置施特莱彻于死地。1940年，这个委员会在纽伦堡举行了听证会，出示了盖世太保提供的窃听录音带和其他指控证据。随着调查的深入，委员会认为施特莱彻"不适合担任领导职务"。由于他没有将没收犹太人的财产后获取的钱财上缴纳粹党国库，施特莱彻被指控贪婪过度，此外还有其他的罪状。希特勒不情愿地批准免去施特莱彻的大区党部书记职务，并禁止他在5年之内踏进纽伦堡一步。施特莱彻继续留任《冲锋队员》报的主编，在远离舒适的乡间别墅的地方散播反犹太人的刻薄言论。

戈林报复施特莱彻的成功证实了纳粹党内统治集团长期以来就有的看法——无论是在党内的地位还是在民众中的威望，戈林是第三帝国仅次于希特勒的不可小觑的人物。戈林一度是希特勒假定的接班人。但是到了1939年夏末，战争迫在眉睫，一向守口如瓶的希特勒觉得有必要宣布他的接班人计划——即便只是为了对付那些认为刺杀希特勒便可一劳永逸地阻止德国发动世界大战的国内外敌人。1939年9月1日，希特勒召开第三帝国国会，宣布他已派兵入侵波兰。"如果在这场斗争中有什么不幸降临到我的头上，"他又说，"那么我

权力的中心

104

的继任者将是党员戈林。"副元首赫斯也没有被遗忘：如果戈林倒下了，希特勒对国会说，赫斯将接替他的位置。但是希特勒没有说明如何保证赫斯登上元首的宝座，因为很少出头露面的鲍曼已经夺取了赫斯手中的大部分权力。即使是戈林作为接班人的地位也不是特别确定，因为这一条没有写进法律里。元首的职位与设立这一职位的人是共存亡的，一旦希特勒死了，就无从保证权力的正常交接。

不管实际上会产生怎样的后果，希特勒决定指定戈林为自己的接班人这一点充分表明他毫不怀疑戈林的忠诚。天生多疑、不喜社交的元首意识到他所面临的巨大挑战，也觉得有必要拧紧他与最强大的助手之间联系的纽带。"我不是光杆司令，"这一段时间他常说，"我有世界上最好的朋友。我有戈林！"事实上，戈林对希特勒的忠心仍属邀功请赏、害怕责罚的走狗一类。一位新闻记者说，即便在戈林被指定为希特勒的接班人之后，他仍然没有忘记元首"有权大笔一挥，将他打入冷宫"。在最亲近的助手中制造了如此深重的恐惧和多疑心理之后，希特勒几乎无法指望他们在战争期间大胆直言，尽到辅佐之职。

事实上，在逐步挑起战争的那些年里，希特勒感到越来越孤独，他甚至认为即将到来的战争是以个人的名义进行的讨伐运动，风险与功过全由自己一个人承担。这场个人讨伐运动在烈火中结束很久之后，施佩尔仍会

在 1937 年的纽伦堡集会上，赫尔曼·戈林与尤利乌斯·施特莱彻争辩，此时他们之间的争端尚未演化成公开的敌对。在对手面前，戈林撕下了和蔼可亲的面具，显露出作为希特勒的"铁腕人物"的真实面目。

回想起元首曾经说过的具有先见之明的话。坐在贝希特斯加登元首山庄的凸窗旁，望着微弱的落日余光下荒凉的阿尔卑斯山，希特勒说："我的结局有两种可能：所有的计划都成功或失败。如果成功了，我将成为历史上最伟大的人物之一。如果失败了，我将遭到谴责、鄙视和诅咒。"

征服美女
的致命手段

阿道夫·希特勒在任职政府总理的那些年里一直保持独身，这使得人们对他的私生活大加揣测。元首经常被问到为什么不结婚，他只是回答说政治家应该避免让琐碎的家庭生活分散注意力。"我的新娘，"他宣称，"就是德国。"

这个在政治上颇为讨巧的崇高姿态背后却隐藏着龌龊不堪的感情世界。希特勒对女人的感情是十分矛盾的，甚至是痛苦的。他喜欢被美貌惊人的女人包围，而且据他的新闻部长说："他尤其喜欢被人认为有许多情人——但是他周围的下属从来不曾注意到这样的迹象。"

相反，元首对性生活的厌恶是显而易见的，他的许多下属私下都认为他是同性恋者。除了绅士般的吻手礼和伯父般的轻拍胳膊之外，希特勒极力避免与女人有其他的身体接触。在1924年新年前夕的宴会上，有个女人把希特勒带到槲寄生下，亲吻了他的嘴唇，

希特勒脸上流露出的反感神情把纵情欢乐的客人吓得陷入了尴尬的沉默当中。"我永远都不会忘记希特勒脸上的惊讶和恐怖。"懊恼不已的宴会主人说。

但是有报道说希特勒非常执迷于色情文学，他决心把自己塑造成一个强有力的男子汉。一天，一位女客人正在他的上萨尔茨堡元首山庄的书房里漫不经心地参观，希特勒突然朝她敬了一个僵硬的纳粹礼，而后讲了一通挑逗性的长篇大论。"我的臂膀如同花岗岩，坚硬不屈，"他大声吹嘘，"我非常坚强。我把胳膊伸出去两小时后能保持不动。我对自己的力量感到不可思议。"

希特勒相信他的表演对女人有一种难以抗拒的魔力，同时他也坚信自己有一种独特的人格魅力——民众把他当成男性英雄顶礼膜拜，更是助长了这一普遍的印象。

和希特勒关系亲密，因而对他了解更深入的女人反应各不相同。一个认识元首的女人说他是"无性动物"，毫无疑问，许多人也有同样的感受。其他的女人却是实实在在地被他迷住了——有一些不可救药地爱上了他。最初是1927年，一个17岁的女售货员与希特勒分手之后企图自杀，后来至少又有6个和他关系密切的女人为他自杀或试图自杀。

1925年，由希特勒签字的一张生日卡片与一束花一起送给了一位女朋友。元首喜欢送花——也很愿意奉上花言巧语。"有这样的女人相伴左右，男人怎能不感到生活在极乐世界！"他狂热地赞美劳工阵线领导人罗伯特·莱伊金发碧眼的妻子英奇·莱伊（右）。婚姻生活非常不幸的英奇后来跳窗死亡。

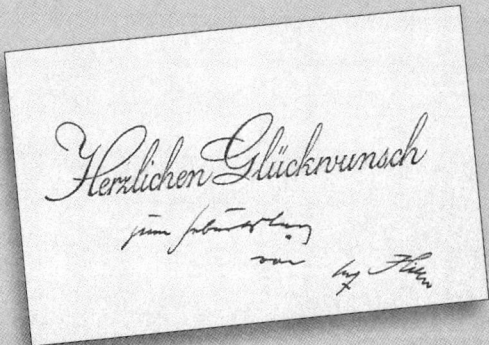

Herzlichen Glückwunsch

迷人的外甥女

1929年，希特勒的外甥女吉莉·拉包尔前来与舅舅一起生活，冷酷无情的纳粹党领袖竟然在短时间内变成了热情似火的情郎。他经常陪同外甥女一起看电影，去野餐或无节制地购物，他的一个亲信说，希特勒"像一只忠诚的羔羊那样"出神地盯着这个活泼的姑娘。他如此醉心于一个比自己年轻19岁的女孩，这一点成了慕尼黑人的话柄。人们都认为吉莉·拉包尔是希特勒的情妇，甚至有人背地里说他们的爱情是变态行为。

不管他们之间的关系究竟是怎么回事，吉莉·拉包尔显然感到压抑。嫉妒的希特勒破坏了两起刚刚萌芽的恋爱，甚至发生了打架斗殴。在一次争吵之后，23岁的吉莉·拉包尔自杀了。在几天的时间里，希特勒发疯似的说想自杀——还发现自己不能吃肉了。（"就像是在吃死尸。"他战栗着说。）他最终安慰自己，把吉莉·拉包尔当成"唯一一个真心爱恋的女人"铭记在心。

1

2

3

4

5

1. 吉莉·拉包尔站在自己的母亲、希特勒同父异母的妹妹兼管家安吉拉和她的姨妈、希特勒的同胞妹妹葆拉之间，当时她还在上学。

2. 在湖边游玩的时候，吉莉·拉包尔冲希特勒的专职摄影师海因里希·霍夫曼嫣然一笑。吉莉·拉包尔天真烂漫的美丽深深打动了霍夫曼，他称她为"迷人的女人"。

3. 希特勒照看外甥女，这是一张难得的表现两人亲密关系的照片。当他有事需要离开时，他会派纳粹警察保护吉莉·拉包尔，或派家里佣人跟踪她。

4. 约自杀前一年，在希特勒隐秘的巴伐利亚住所，忍俊不禁的吉莉·拉包尔四肢摊开躺在地上，斜眼瞟着正在打瞌睡的舅舅。

5. 希特勒居住的这栋楼位于慕尼黑最隐秘的一条街道上，吉莉·拉包尔就在楼里面她自己的卧室开枪自杀。悲痛欲绝的元首下令把她典雅精致的卧室当成圣殿一样密封起来。

111

与明星及社会名媛在一起

当吉莉·拉包尔恐怖的自杀渐渐消失在记忆里时，希特勒又开始接近女性朋友。他像小学生追星族一样，尤其喜欢女明星。显赫的地位使他有机会接触一些杰出的人物，比如说情绪起伏不定的雷娜特·米勒和大名鼎鼎的奥尔加·契诃娃。

报纸连篇累牍地报道他们之间的关系，让人津津乐道的谣言满天飞，但是希特勒对她们的兴趣恐怕与罗曼蒂克的恋爱关系不大，更多的是因为他认为自己是一名艺术家，自然应该与其他的艺术家在一起。他也以同样的态度对待其他的文化精英，其中有建筑师格尔蒂·特罗斯特和歌剧赞助人维尼弗雷德·瓦格纳，后者是希特勒的偶像、作曲家理查德·瓦格纳寡居的儿媳。

1. 1937年为纪念瓦格纳而举行的为期一周的拜罗伊特音乐节上，希特勒殷勤地接见维尼弗雷德·瓦格纳。希特勒曾被认为与出生于英国的维尼弗雷德订过婚。
2. 在党卫队队员虐待了自己的犹太情人之后，女演员雷娜特·米勒跳向希特勒的专车自杀身亡。她的自杀使得人们纷纷揣测她和希特勒有恋爱纠葛。
3. 戈林在前，戈培尔在后，中间的希特勒挽着建筑师保罗·特罗斯特的遗孀格尔蒂·特罗斯特一起参观一个艺术展览。格尔蒂·特罗斯特被请去为希特勒的府邸设计室内装修，成为颇有影响的时尚设计者。
4. 1939年的一场音乐会上，奥尔加·契诃娃坐在希特勒身边。希特勒经常要求朋友们把妻子留在家里，陪伴年轻女演员出席这种场合。"最美丽的女人属于最勇敢的战士。"他说。

3

4

一个电影导演的迷恋

在第三帝国的全盛时期，没有几个女人像莱尼·里芬施塔尔——美国的小报读者称她为"希特勒的爱人"——那样与希特勒有着重要的关系。莱尼·里芬施塔尔由一个备受爱戴的偶像电影明星改行做了导演，她是一个非常自信、多才多艺的美貌女人，和元首的关系很特殊，令她享受到特权般的待遇。希特勒推崇她的艺术才华，特许她的影片无须接受苛刻的审查，这种审查束缚住了除她以外的德国电影导演。

莱尼·里芬施塔尔慷慨地报答了希特勒的知遇之恩，她把1934年的纳粹纽伦堡集会拍成了电影纪录片的杰作《意志的胜利》。这部纪录片被广泛地认为是历史上最成功的宣传影片，莱尼·里芬施塔尔也成了长期受到争议的人物：她到底是一位献身于电影事业而对作品的道德内涵不屑一顾的艺术家呢，还是一位把自己对德意志第三帝国及其领袖的忠诚表露无遗的真正的信徒？

2

1

1. 1934 年，莱尼·里芬施塔尔在纽伦堡拍摄希特勒。为了避免拍出元首的五短身材，她把摄像机放在他的脚下，镜头朝上，拍出的希特勒是一个充满英雄气概的上帝似的人物。

2. 1937 年，莱尼·里芬施塔尔与希特勒及戈培尔一起在柏林她的住所外散步，她经常在家里招待纳粹的高层官员。

3. 1936 年，希特勒热情地握着莱尼·里芬施塔尔的手。里芬施塔尔在这一年拍摄了记录柏林奥运会的史诗性作品《奥林匹亚》。这部电影因弘扬纳粹对身体的崇拜而引起了争议，但在 1938 年的威尼斯电影节上却获得了大奖——击败了沃尔特·迪士尼的《白雪公主》。

4

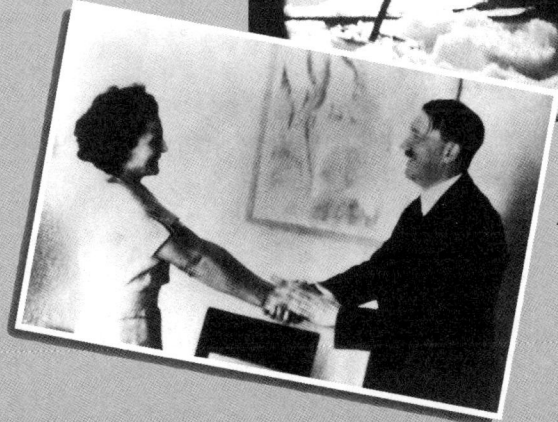

3

4. 莱尼·里芬施塔尔一生都致力于健美运动，她穿着游泳衣滑雪，一年到头都保持紫铜色的肤色。她常年坚持练习芭蕾舞和爬山，游泳衣里包着的身材显得匀称有致。

热烈的英国爱慕者

1932 年，希特勒一直幻想着与英国结盟，支撑这个白日梦的是他随从中一个热情似火的英国贵族，她的名字颇有点预言的意味：尤尼蒂（联盟）·瓦尔凯莉·米特福德。米特福德公开宣称自己是法西斯主义者，疯狂地迷恋着希特勒，而希特勒也非常喜欢她那高大健壮的雅利安人的体貌，更看重她的贵族背景所具有的宣传价值。"这个姑娘是无价之宝！"他惊呼。在长达 7 年的时间里，米特福德开着插有英国国旗和卐字纳粹党旗的车子周游德国，精力充沛地在纳粹集会上欢呼，给纳粹出版物撰写反犹太人的谩骂文章。1939 年 9 月 3 日，英国向德国宣战，米特福德的嬉闹结束了。她坐在慕尼黑一个公园的长椅上，对着自己的脑袋开了一枪。米特福德自杀没有成功，她又活了 9 年，至死都对希特勒忠心不渝。

1

2

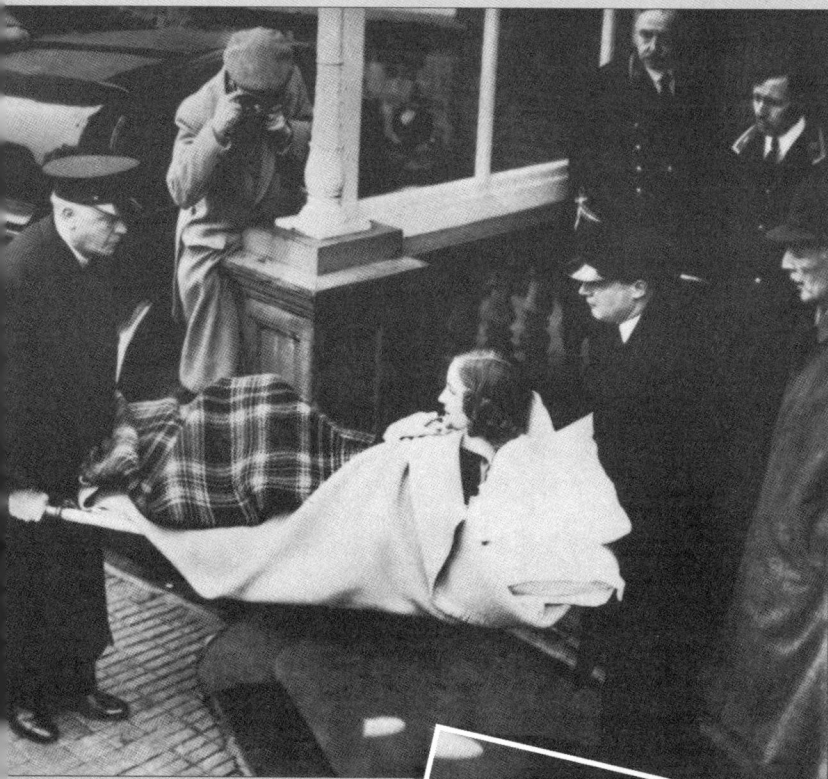

1. 尤尼蒂·米特福德春风满面地与鲁莽的反犹太主义者、出版商尤利乌斯·施特莱彻在一起。许多纳粹党人对施特莱彻很反感。

2. 米特福德在慕尼黑的住所里挂满了希特勒的照片。"我越来越爱他了。"她在给家里的信中写道。

3. 自杀未遂4个月之后，在父亲里兹代尔男爵（最右边）的陪伴下，米特福德回到英国，被人从横渡英吉利海峡的渡轮上抬下来。

4. 米特福德的头发遮住了右额上的伤疤，她看上去很正常，不明就里的人们指责她假装受伤以逃避"与国王的敌人结交"的罪名。

1

2

3

长期的情妇爱娃

1. 1930年，18岁的爱娃·布劳恩在海因里希的办公室里对着照相机镜头搔首弄姿。
2. 布劳恩整齐的梳妆台上摆放着她和希特勒的照片。尽管纳粹党反对使用化妆品，布劳恩仍然通过化妆来突出霍夫曼所说的"巧克力盒子一般的漂亮"。
3. 布劳恩精心饲养了一群宠物，并以此为乐。
4. 1938年的一张快照中，希特勒僵硬地与布劳恩的同事站在一起。布劳恩一直为霍夫曼工作到1945年。一旦有人注意到希特勒随从中的布劳恩，她总会被说成是照相馆的工作人员。

希特勒与魅力四射的女人的友谊引来了公众的关注，但他一桩时间最长的风流韵事却远离了人们的目光，没有被曝光。德国人对他与爱娃·布劳恩的关系几乎毫不知情，他于1930年遇见了这位慕尼黑教师的女儿，当时布劳恩在海因里希·霍夫曼的照相馆里当助手。

熟悉希特勒的人对他与布劳恩在一起觉得不可思议。布劳恩身材苗条，没有完全发育成熟，不是元首所喜欢的那种性感的女人。按照霍夫曼的说法，希特勒只把她当成是"又一个迷人的小东西，尽管她显得轻浮愚蠢——或许正是由于这个原因——他却能从她那里得到所需的轻松和惬意"。

布劳恩对希特勒的感情深厚一些。她决意要嫁给希特勒，使出浑身解数挑逗他，不惜把自己塑造成他所喜欢的形象——不打折扣的忠诚和心甘情愿的顺从。这些特点，再加上布劳恩善于让元首放松心情——这可是一种令人敬畏的本领——使得她总能及时地把强大的情敌击败。

4

119

阴影中的生活

爱娃·布劳恩想尽办法巩固希特勒对她的感情，不得不付出巨大的代价。希特勒对她发乎情，止乎礼，同时又钟情于别的女人，绝望之极的布劳恩两次试图自杀。1935年第二次自杀之前，她痛楚地在日记里写道："真希望从来没有遇到过他。"

如果说布劳恩以自杀来孤注一掷地要求希特勒专情，这个办法还挺管用。希特勒两次都表露出同情。他在慕尼黑为布劳恩买了一栋房子，到1939年底——当时正赶上二次大战爆发在即，而布劳恩心目中强劲的情敌尤尼蒂·米特福德也回国了——布劳恩作为元首最钟爱的情人的地位已经稳固。

但是这意味着孤独的生活。布劳恩生活在隐蔽的幕后，只有在偏远的元首山庄，她才能待在希特勒的身边。即便在那里，一个来访者写道：她只是"环境的一部分，与金丝雀的鸟笼、橡胶树和粗劣的木制挂钟没有两样"。

1.爱娃·布劳恩（右）与一个女朋友站在挂在奔驰车两端的备用轮胎上。由于长时间单独一个人，布劳恩只得找亲友和女伴来陪伴自己。

2.布劳恩是一个热忱的摄影爱好者，正在元首山庄附近的一个眺望台拍景色。

3.布劳恩，左起第三人，站在马丁·鲍曼和新闻局局长奥托·迪特里希

（穿军装者）之间，与经常到元首山庄来的客人一起欢庆元旦。
4. 希特勒与布劳恩在贝希特斯加登山庄住处的墙上挂着希特勒怒目而视的照片。
5. 布劳恩的相册里由霍夫曼拍摄的一张照片里，她正在阿尔卑斯山上的湖边做运动。

短暂的家庭生活

1. 来访的夫人们，玛格达·戈培尔（左）和格尔达·鲍曼陪希特勒及爱娃·布劳恩一起在石头砌成的鹰巢里喝茶。
2. 布劳恩穿着巴伐利亚的民族服装在元首山庄前的平台上向希特勒行屈膝礼。
3. 希特勒弯腰抚摩布劳恩饲养的两只苏格兰狗。布劳恩靠训练小狗来打发时间，并且非常乐意向人炫耀它们的乖巧。
4. 在宁静的家庭气氛里，希特勒抚摩着厄希·施奈德的头。施奈德是布劳恩最好的朋友之女。希特勒许诺说，战争结束之后，"爱娃和我将会结婚，住在林茨的一幢漂亮别墅里"。

1

2

3. 性格乖僻的军阀

1939 年吞并波兰后不久，希特勒在柏林新建的气势宏伟的帝国总理府里召集手下的高级将领，向他们发表了长达 3 个小时的演说，严厉批评他们当中那些认为侵略计划极不明智的人。讲述完入侵波兰的战略意义之后，希特勒开始谈论他最喜欢的话题——他自己。在即将到来的反对西方各国的战争中，他的作用是不可或缺的。"任何军人和平民都取代不了我，"希特勒说，"我坚信自己的才智和果断的决策。谁都不曾取得过我这样的成就。我带领德国人民攀登上了一个新的高峰。"希特勒拖长声音，以便更好地表达主题："我必须在胜利和毁灭之间做出选择。我选择了胜利。在这场斗争中我将挺立，或者倒下。任何事情都不会吓倒我，对于反对我的人，我决不手下留情。"

他的意思再明白不过了。这是他的战争，他不会与任何人分享。他尤其不会与将领们分享，因为他认为他们的胆怯是 1918 年德国战败的原因之一。从一开始，希特勒就明确表示他不能容忍军方的任何反对意见。他手下的将领只需毫无保留、毫不犹豫、毫无怨言地执行他的命令。"我不是要求我的将领们理解我的命令，"他在另一个场合说，"而是要求他们执行我的命令。"

希特勒和一个助手从峭壁指挥部的一个碉堡里走出来。峭壁指挥部是 1940 年春季战役中设在比利时边境的元首指挥部。同年 6 月希特勒离开这个指挥部时，宣布这里的碉堡和木屋是德国的历史文物，并要求按原样加以保护。

希特勒对军事专家的不屑——还有他的使命感，另外他坚信自己是个军事天才——将使胜利的喜悦和灾难的惨痛一同降临到德国的头上。随着战争的深入，希特勒越来越沉迷于日常的军事运作，同时也越来越远离国家元首的职责。希特勒越来越孤立，帝国在战场上的运气也越来越低迷，与此同时，纳粹党内的新人取代了地位稳固的人物。到1943年斯大林格勒战役期间，希特勒头脑中酝酿的战争风暴与德国军队在战场上的战斗局面越来越风马牛不相及。

从某种意义上讲，阿道夫·希特勒成年后的大部分时间都在为领导战争做准备。希特勒在一战中是一名步兵下士，曾因英勇善战荣获了铁十字一级奖章，他亲身体验过战场上的短兵相接，对普通士兵的心理了如指掌。在经受战争的洗礼之前和之后，希特勒都曾广泛阅读军事史和德国杰出将领的作品。他有着惊人的记忆力，能信手拈来大量的技术细节。"在军队装备这方面，他的知识远远胜过手下的军事参谋机构。"建筑师阿尔伯特·施佩尔回忆说。他不仅掌握了大量有关新式武器和运输车辆的信息，还常常就装备的改进提供有用的建议。他缺乏正规的指挥训练，但这恰恰是一笔财富，希特勒声称，因为如此一来，他的头脑就摆脱了束缚那些高级将领的条条框框。一谈到作战，他总爱说："没有可能性的计划总是成功的；可能性最小的是最有把握的。"

1938年2月，希特勒着手重组德国国防军的领导

结构，为即将到来的战争做准备。他知道，大多数高级
军官都强烈反对他如此匆忙地将德国带入一场战争冲
突，他们坚信德国不可能获胜。所以希特勒以陆军元帅
维尔纳·冯·勃洛姆堡（又译为：瓦尔勒·冯·布伦堡——
编注）的夫人曾经做过妓女为借口，解除了他的武装部
队总司令职务。武装部队总司令的职位被取消，勃洛姆
堡领导的战争部也被解散。接下来，希特勒捏造了莫须
有的同性恋罪名解除了维尔纳·冯·弗里奇上将的陆军
总司令职务。他任命更听话的瓦尔特·冯·布劳希奇上
将接替弗里奇。

从此以后，希特勒宣称，他将以元首和最高统帅的
名义"直接领导武装部队全体将士"。他以勃洛姆堡的
战争部原班人马组建了武装部队最高统帅部（OKW）。
尽管军事将领们一厢情愿地认为武装部队最高统帅部是
一个拥有实权的独立军事指挥部门，它其实已经变成了
希特勒的私人军事参谋部，负责贯彻执行他的命令。从
希特勒挑选的总参谋长人选便可以看出它究竟拥有多少
的实权。总参谋长便是威廉·凯特尔上将，一个惯于阿
谀奉承的职业军官，他总喜欢热情地附和上司对他说的
话，为此还得了个"点头驴"的绰号。他对自己的指挥
才能缺乏信心——"我不是陆军元帅那块料。"他曾经
悲伤地承认——很快就不由自主地沦为与跑腿的人差不
多的角色。

几乎与希特勒天天打交道的另一位军官是武装部队

最高统帅部作战部长、陆军准将阿尔弗雷德·约德尔。
约德尔准将的能力比凯特尔强，对这场战争的看法更现
实，对希特勒的命令也并不总是毫不犹豫地表示支持。
但是他也坚信元首具有过人的军事天才，对将领们的不
同意见总是坚决进行压制。在整个大战期间，德国陆军
总司令部参谋长和战场指挥官们在有幸短暂地为希特勒
服务之后，便被打入冷宫，但凯特尔和约德尔却一直留
在他的身边，天天与他一起磋商，把他的命令以指示的
形式下发，把他不愿接受的军事战况隐瞒不报。

　　1938 年 3 月，希特勒下令占领奥地利，他一个人
独揽军事大权的后果开始显露出来。将领们表示反对，
担心这次行动会导致西方各国的干涉和世界大战。希特
勒对他们置之不理，自己指挥了整个过程。5 月份，在
吞并奥地利之后，他把目光投向了捷克斯洛伐克。他把
陆军将领们召集到最高统帅部，直截了当地向他们通报
了自己准备以营救那里的德裔少数民族为幌子入侵捷克
斯洛伐克的打算。将领们又一次吓得魂飞魄散却无可奈
何：武装部队最高统帅部的参谋人员在没有征求陆军
意见的情况下，已经制订好了入侵计划。陆军总司令部
参谋长路德维希·贝克中将辞职以示抗议，但是没有人
响应。贝克的职务由意志坚强、忠心耿耿的弗朗茨·哈
尔德中将担任，希特勒希望借哈尔德在军事方面的崇高
威望平息陆军的骚乱。

　　这样一来，在大战前夕，希特勒成立的军事指挥机

构完全可以使他绕开正常渠道把自己的想法付诸实施。不过在二战的第一阶段，即1939年9月占领波兰期间，希特勒没有干涉太多。入侵前10天，他对高级将领发表了演说，主要目的是为了说服他们这场战争是不可避免的——德国提出索要但泽和波兰走廊的要求没有得到满足——并且强调西方国家是不会干预的。元首给约德尔的副手瓦尔特·瓦尔利蒙特上将留下了深刻的印象。当指挥官们把作战计划交给希特勒审阅时，瓦尔利蒙特写道："看上去他对所有的细节都非常了解，而且立即提出了自己更进一步的建议。"但是希特勒的建议终归不过说说而已，他只是详细筹划了占领迪尔斯豪一座大桥的行动。

即便在他登上元首专列，前往前线视察时，他也很少下达指示，或调整作战计划。他之所以这样做，一方面是因为这场战役简直是教科书的再现；在波兰大部队尚未来得及渡过维斯瓦河撤离之前，数量众多的德国军队兵分两路，像铁钳一样将他们夹在中间动弹不得。就这次战役而言，希特勒认为自己不应该打搅胜利的到来：他心满意足地在前线巡视，用这种人人看得见的方式，履行他曾公开宣称的自己作为"德意志帝国第一战士"的责任。

占领波兰只用了36天，这场漂亮的战役令将领们信心倍增。诚然，希特勒错误地估计了英国和法国的反应，它们在9月3日对德国宣战，但是他和他的指挥官们都相信这只是盟国象征性地表示与波兰的同盟关系罢了。毕竟在入侵波兰的整个过程当中，它们一直只是静静地蹲在马其诺防线后面；现在它们肯定愿意通过谈判来求得和平。

希特勒没有达到这个目的，他又召集指挥官们，向他们宣布8月份在西线发动攻势的计划。在场的所有人，瓦尔利蒙特注意到，"包括戈林在内，都大吃一惊"。即便不能通过外交手段拼凑一个和平方案，军事指挥官们仍希望至少在西线保持相持状态，利用这段时间发展壮大发动大规模进攻所需的部队和装备。希特勒在备忘录里写道，将在圣诞节前发动进攻。他运用相当了不起的战略想象力，草拟了一份强调机动性和速度的进攻计划。决定性的战斗将发生在"西线北翼，攻入卢森堡、比利时和荷兰"。成功的关键是装甲师。他们必须防止被"比利时小镇一排接一排没完没了的房子"挡住去路。事实上，他们不必攻占小镇，只需集中精力保证"陆军前进不受阻碍，防止前方阵地移动不畅"。只要他们能够避免使战斗降为阵地战，就没有理由认为德国军队不能持续进攻到冬天。

德军将领们大惊失色。他们认为希特勒明显地高估了德军的备战情况，而对法国和英国能够投入战场的兵力又估计不足。布劳希奇单独拜见希特勒，表示反对8月份的攻势：弹药和枪炮的短缺已经到了非常危险的地步；只有5个装甲师做好了进攻的准备；希特勒所设

1939 年春天，在入侵奥地利期间，希特勒（左）甩开大步走在一群陆军军官前面。在不费一枪一弹征服了捷克斯洛伐克之后，希特勒得意扬扬地说："我将成为有史以来最伟大的德国人。"

想的机械化进攻在多雨的秋季肯定会陷入困境。这些观点对希特勒没有产生任何作用。"敌人一样遭雨淋。"他回答说。布劳希奇竭尽全力避免无功而返，他对希特勒说如果让陆军总司令部独立指挥这次战役，他们将感激不尽，希特勒绷紧了脸一语不发。

事实上，恶劣的天气——加上陆军总司令部不断地拖后腿——迫使西线的进攻推迟到一月份，而后又推迟到了春天。1940 年 4 月，德军入侵丹麦和挪威，希特勒头一次有机会独立行使指挥权。他对斯堪的纳维亚半岛的兴趣是 1939 年 11 月份产生的，当时苏联正在进攻芬兰。他担心英国会借口帮助芬兰人而派军占领挪威——这样一来，英国便从北面对德国形成包抄之势，遏制住第三帝国的波罗的海舰队，威胁到从瑞典输入铁矿资源的命脉。希特勒下令着手准备代号为"威悉河演习"的军事行动，特别强调北部的德军"全由我个人直接指挥"。他说到做到——完全把疑虑重重的陆军总司令部晾到一边——以致哈尔德在日记里抱怨："在这件事上，元首根本不曾和陆军总司令通通气！"

4月9日，进攻正式开始，丹麦不费吹灰之力就被攻克，但是攻打挪威开局开得不好。刚刚赶来的英国海军和陆军部队击沉了10艘德国驱逐舰，把德军第三山地师围困在挪威港口城市纳尔维克。瓦尔利蒙特上将回忆说这场危机暴露出"希特勒在人格和军事知识方面的全部缺陷"。元首慌了。他狂乱地发出自相矛盾的指示，让最高统帅部的下属转达给纳尔维克德军地面部队的指挥官爱德华·迪特尔上将。其中一项指示说，既然纳尔维克保不住，迪特尔可率部从陆路向南撤到港口城市特隆赫姆。另一项指示却要求迪特尔从空中撤离。第三个指示要求迪特尔沿着通向瑞典边境的铁路向东撤离。不过迪特尔没有收到任何一项指示。最高统帅部作战部长约德尔上将悄悄地把它们截了下来，他在日记里抱怨希特勒不停地下达"详细的命令，造成了指挥系统的混乱"。约德尔试图让元首冷静下来。"一件东西确确实实丢了才会被认为是损失。"他对希特勒说。

希特勒逐渐恢复了理智。4月18日，他同意给迪特尔下达指示，要求他尽可能长时间地守住纳尔维克，而后才向内地撤离。但是德国空军得到的情报表明，运

1939 年 8 月，在和平的最后日子里，希特勒到现场听取有关德国用于抵御法国进攻的西部防线的进展报告。他的右手边站着负责修建该防线的工程师弗里茨·托特。

送英国部队的军车在特隆赫姆附近出现，希特勒立刻陷入了深深的绝望。在帝国总理府，瓦尔利蒙特回忆说：元首"窝着腰，不被人注意地坐在墙角的一把椅子里，眼睛径直瞪着前方，活脱脱一个郁闷的沉思者。他似乎正在等待能拯救目前这个局面的消息"。但是在经过 6 个星期艰苦卓绝的战斗之后，德军终于获胜时，希特勒把他的犹豫不决和恐惧都忘到了脑后。胜利的到来，他说，"完全得归功于他这样一个不懂什么是'不可能'的人物"。

此时希特勒的声望达到了前所未有的高度，他雄心勃勃地推动西线进攻的计划。现在他显示出了一定的灵活性。他对原定的计划不满意，因为这个计划把重点放

权力的中心

希特勒和外长约阿希姆·冯·里宾特洛甫坐在元首专列外面交谈（左），元首专列是入侵波兰时希特勒的指挥部。专列上有一节装饰豪华的餐车（右上），希特勒在这里招待国家首脑；另外，敞篷车厢上还安装了高射机枪（右中）。最高统帅在一位助手的陪伴下早起散步锻炼身体（右下）。

在西线的北翼，与 1914 年德军进攻西线的初始阶段一模一样。因而德军不太可能对盟军进行突袭，另外，庞大的装甲部队被束缚在低地国家，无数的河流和运河将使部队调度起来比较困难。为了有选择的余地，希特勒考虑把进攻的重点放到别处。他手下的高级将领们也觉得应该找到一条不同的进攻路线，经过周密思索之后，他们提出了一个大胆的计划。他们主张将进攻的重点南移，集中在比利时北部的阿登森林。德国装甲部队将穿过阿登森林，渡过位于迪南和色当之间的马斯河，穿过法国北部绵延起伏的丘陵地带，到达索姆河入海口附近的英吉利海峡。此时，德国胜利之师将掉头北上，包围前来低地国家与德军进行第二阶段会战的英法军队。这个计划最大的优点就是趁敌人不备发动突袭；阿登地区峭壁林立，山高林深，道路曲折，人们几乎都认为装甲部队是无法通过的，所以法国在这个地区的防御也最弱。

这个计划也很危险。如果通过阿登地区比设想的要困难，而盟军有时间组织反攻的话，希特勒进攻西线的企图将以失败而告终。希特勒了解存在的风险，但是这个大胆的突袭计划非常符合他的口味，他毫不犹豫地表示赞同。

5 月 10 日开始的这场战役持续了 46 天，一连串令人眼花缭乱的胜利使希特勒常常处于兴高采烈的状态。在最高统帅部参谋人员的陪同下，希特勒来到峭壁指挥部密切观察整个战役的进程，峭壁指挥部位于德国的最

西边，离比利时和荷兰的边境很近，是把树木茂盛的山顶炸平之后盖起来的掩体建筑。当德国军队突破荷兰和比利时的防守，进入比利时的平原地带时，希特勒几乎控制不住内心的快乐。希特勒亲自监督制订了利用滑翔机和伞兵部队赶在重要桥梁被毁之前将它们抢占的计划。派遣运输部队的滑翔机降落在埃本·埃马尔炮台开阔的屋顶上，从而一举占领这个令人生畏的比利时要塞，这也是希特勒的主意。5月13日，希特勒在阿登投下的赌注得到了空前的

回报。那天，德国装甲部队渡过马斯河，击溃了法国的第二军和第九军。约德尔在日记里写道，希特勒"高兴得有些得意忘形"，当海因茨·古德里安上将的装甲军团先头部队于5月20日到达英吉利海峡，把盟军一分为二时，他甚至表扬了德国陆军总司令部的头目们。

即便在这场进展顺利的战役中，希特勒仍然显露

1940年5月，在峭壁指挥部，希特勒仔细阅读一份有关法国战场的报告，对面坐着他的军事指挥官们——埃里希·雷德尔海军上将（左手放

出作为指挥官的疑虑重重的缺点。尽管他非常看重速度和灵活机动性，却越来越担心盟军的反击会切断德军拉长的战线，多次惊慌失措地命令装甲师就地待命。"元首紧张得有点过头了，"战役开始一个星期之后，哈尔德在日记里写道，"成功把他吓坏了，他不愿意冒任何风险，甚至试图阻止我们前进。"过了一天，哈尔德发现希特勒仍然"充满了不可理喻的恐惧。他大发雷霆，大吼大叫地说我们正竭尽全力毁掉整个战役。他完全拒绝继续向西进攻。"在峭壁指挥所一个用作战况汇报室的小木屋里，希特勒看着地图一直沉思到深夜，时不时地发布命令和反命令。沮丧至极的装甲部队指挥官们便自作主张，在

兜里者）和威廉·凯特尔将军。右图展示的是希特勒在峭壁指挥部的住处，简朴的装修表明希特勒决意要过斯巴达式的清苦生活，为德军将士做出榜样。

失败的和平之旅

1941年5月11日，两名副官带着赫斯·鲁道夫的一封紧急信件来到了元首山庄。几分钟之后，等在元首书房外面的人听到一声"含糊不清的、近似动物声音的喊叫"。阿道夫·希特勒得知他信赖的副手赫斯已经飞去了苏格兰，禁不住大发雷霆。

赫斯在纳粹核心权力集团中的地位越来越受到副手马丁·鲍曼的威胁，他一直心怀幻想：只要设法说服德国人的"雅利安至亲"英国人参与即将到来的与布尔什维克分子的战争，他就能讨回元首的欢心。他首先在1940年秋天给汉密尔顿公爵写了一封信，公爵是他在1936年的柏林奥运会结交的。在没有收到答复的情况下，赫斯决定直接飞往公爵在苏格兰的乡间别墅。

赫斯事先进行了周密的安排。他是一个经验丰富的飞行员，因而可以说服飞机设计师威利·梅塞施密特借给他一架Me110战斗机练习飞行。赫斯在飞机上装上备用油箱和一台特制的无线电，在5月10日的下午从巴伐利亚的奥格斯堡起飞。他的航线计算得非常准确，飞行了800英里之后，赫斯跳伞降落的地方离公爵的别墅只有12英里。

在大不列颠王国，赫斯的飞机坠毁了，他那建立雅利安兄弟情谊的希望也破灭了。公爵和接见他的英国官员对他的和平计划都不感兴趣。他被作为战犯关押在伦敦塔里。

在柏林，由于赫斯叛逃引起的难堪的恐慌和尴尬持续了好几天，但是当纳粹政府确定天真无知的赫斯并没有泄露即将进行的针对苏联的突袭之后，紧张的气氛才缓和下来。权欲熏心的鲍曼把赫斯的名字从纳粹党的档案和纪念碑上抹掉，把他的照片从公共场合撤下来，并费了很大的劲当上了希特勒的新秘书。

左图　在一次练习飞行之前，鲁道夫·赫斯（左）站在Me 110战斗机的驾驶员座舱里，他将在1941年驾驶这架飞机前往英国进行和谈。

上图　尽管希特勒禁止赫斯在战争期间飞行，但相信占星术的赫斯梦想着有一天能驾机飞过英吉利海峡执行重要的使命。他在写给希特勒的信中说，如果他的努力失败了，"就说我是疯子好了"。

下图　苏格兰士兵在查看赫斯驾驶的战斗机的残骸。由于找不到降落的地点，赫斯自己跳伞之后，让飞机坠毁了。

散布各地的元首指挥部

上图标示出了希特勒在二战期间的指挥
部位置。西至法国的苏瓦松,东抵乌克兰的
维尼察,这些戒备森严、相当隐蔽的指挥部
有着可怕的名字,比如说"狼谷""鹰巢"
和"狼穴"。希特勒最后的指挥部位于柏林
总理府的地下室,名字很简单:"元首地堡。"

有些地点继续进攻。

希特勒的决定中引起最大争议的莫过于他命令装甲部队在眼看就要到达敦刻尔克之际就地待命。这次停顿使得英法两国的残余部队趁机撤出了这座港口城市，渡过英吉利海峡逃到了英国。他提出了几点理由。其中之一便是他想让筋疲力尽的装甲部队——至少有半数的坦克暂时退出战斗——保存实力，以便攻打巴黎和法国南部。还有就是戈林信誓旦旦地说光德国空军便可以消灭撤退的敌军。希特勒甚至暗示说，这个决定是有政治意义的——他希望此种仁慈的表示可以促使英国很快与德国达成停战协议。不管是什么原因，德国坦克在敦刻尔克附近停留了差不多3天时间，希特勒才意识到戈林的空军无法挡住英军的撤离。装甲部队最终又加入了战斗，但为时已晚；超过30万盟军逃回英国，准备再战。

无论如何，这场战役取得了辉煌的成果，3个星期后法国缴械投降，希特勒对自己做出的"有史以来最伟大的战略天才"的评价似乎是正确的。他的几个助手也这样认为。"胜利的秘诀是什么？"之前疑虑重重的陆军准将爱德华·瓦格纳上将脱口而出："毋庸置疑，是元首充沛的活力。他的意志使这一切成为可能。"

事实上，希特勒再一次展示了非同一般的掌握战略和技术细节的天分。但是对那些在他身边工作的人来说，他显然没有耐心等待一场战役一天一天地持续下去。他太容易激动，太善变，而且非常不愿意把权力下放，自己犯了错误总爱怪罪到别人头上。如果战斗的进展出乎他的意料，他常常会惊慌失措。他缺乏他经常吹嘘的带给他最大力量的"钢铁般的神经"，因而承受不住战场的紧张气氛。

西线战场的胜利危险地助长了希特勒对自己能力的自我肯定。"指挥战役这种小事，"他说，"谁都能做。"他对将领们避而不见，这使得他的缺点有增无减。他的指挥官们很不情愿，甚至根本不提建议，因为希特勒总是不让他们了解足够的信息。通过这种方式，希特勒削夺了他们的权力，加强了自己的控制。比如说，在希特勒的指使下，陆军总司令部得不到外交部的情报，外交部也不知道军方的情报。"没有人能掌握元首不让他知道的情报。"凯特尔说。而且，希特勒的随从中有许多人决意忍让他的做法——为的是维护他那种"梦游症患者般的安全感"，如施佩尔所说——但还有一些人不敢提出异议。施佩尔注意到，在希特勒面前，连强有力的指挥官们都变得"渺小和局促"。"我和这个人争辩的时候，"布劳希奇坦白地说，"感觉就好像要窒息了，我再也说不出一句话来。"陆军元帅埃哈德·米尔希回忆说在希特勒面前感觉"就像做错算术题的小男孩"。海军上将卡尔·邓尼茨则回避希特勒："我故意很少去他的最高统帅部，这样我才觉得自己能最大限度地掌握主动权，还有就是在那里待了几天之后，我认为自己必须摆脱他那种暗示的魔力。"那些胆敢冒犯元首、提出

不同意见的人被骂成是缺少"帝国总理府特有的勇敢至
上的精神"。

希特勒对他在国际上的敌人缺乏了解，这可能是他
所有的过失中最具破坏力的一点。尽管他非常善于发现
他们的弱点——比如，他说服将领们相信入侵波兰的时
候，法国不会在西线发动进攻——但他根据一些价值不
大的材料得出的看法和偏见先入为主地妨碍他做出正确
的判断。比如说，看了电影《愤怒的葡萄》，他便对美
国的战斗力不屑一顾；他认为这个国家没有强壮的农
村人口，只有"生活悲惨、道德堕落的农夫像一群失去
家园的乌合之众一样"到处游荡。同样的，希特勒学生
时代便形成了斯拉夫人是劣等民族的偏见，并由此得出
了苏联人战斗力低下的歪曲看法。他对英国人某些方面
的看法更现实一些，除此以外，其他方面都存在不少问
题。他尊敬英国人，因为他们和自己一样同属日耳曼民
族，但是他想不通他们为什么不太情愿与德国人一起，
对付共同的敌人布尔什维克主义。法国投降之后，希特
勒声称他觉得德国与英国的战争没有必要继续下去，他
的话有可能是肺腑之言。

希特勒一厢情愿地希望与英国单独媾和，这无疑使
得他难以决定是否在 1940 年的夏天渡过英吉利海峡攻
打英国。他仔细斟酌比较 7 个行动方案，其中包括入侵
英国，派兵支援北非的意大利部队和攻打苏联。他决定
放弃攻打不列颠群岛的原因尚不清楚。英国皇家海军的

优势和德国空军控制英国领空的企图失败肯定是两个重要的原因。同时，希特勒也害怕苏联越来越强大，他坚信如果德国一举征服苏联，英国就不得不妥协。希特勒认为与苏联的战争是不可避免的：他在《我的奋斗》中写道，为了扩充新的生存空间，德国"首先想到的就是俄罗斯和它周围的小国家"。他决定在征服英国之前向东线发动进攻，这最终成为二战的转折点。

但是在调集部队进攻苏联之前，希特勒必须扶持他的轴心国伙伴、命运不济的意大利。德国在1941年4月闪电般地攻克了南斯拉夫和希腊，5月又攻克了克里特岛，这不仅拯救了入侵希腊失败的意大利，还加强了希特勒从来弹无虚发、绝无错误的名声。他又决定在4月派遣埃尔温·隆美尔上将率领德国机械化部队前往北非，很快便击溃了英国军队，迫使他们向埃及撤退。通过这一系列的军事举措，希特勒又为轴心国夺回了战争的主动权。但是这些只不过是1941年6月22日入侵苏联——这次行动将前所未有地考验最高指挥官的领导能力——的前奏。

如果希特勒事先征求过将领们的意见，他就会发现，他们非常怀疑德国军队是否已经做好了准备，迎接这场艰巨的挑战。而且他们对他提出的进攻方案也表示担忧。大家都同意兵分三路，赶在苏联红军向广袤的俄罗

左图显示的是希特勒在东普鲁士的大本营"狼穴"，从树林里依稀可以辨认出碉堡的轮廓。

下图，电话接线员正在混凝土构筑的碉堡里接转俄罗斯前线打来的电话。他们被禁止偷听电话内容。

　　1941 年夏末，在乌克兰的一个前沿机场，阿道夫·希特勒、贝尼托·墨索里尼与南路集团军群的军官们一起在户外用餐。坐在墨索里尼右侧的是格尔德·冯·龙德施泰特陆军元帅，不久之后由于战略分歧希特勒解除了他的职务。

斯内陆撤离之前将他们集中歼灭于德维纳河和第聂伯河以西。但是陆军总司令部认为最好的办法是把装甲部队配给中路集团军群，以便集中兵力攻打莫斯科，因为莫斯科是苏联的首都和西部的交通枢纽，苏联红军必定会派重兵把守。但是希特勒却轻蔑地说莫斯科"只不过是一个地理概念"。他坚持把中路集团军群的装甲部队派去支援两翼的战斗——北翼直捣列宁格勒和波罗的海，南翼的目标是控制顿涅茨盆地和乌克兰丰富的农业和工业资源。只有在两翼的战斗取得胜利之后，北路集团军群和南路集团军群才会掉头会师于莫斯科。

对军界的领导人来说，希特勒的方案目标欠明确，战线太长，部队过于分散，后果不堪设想。但是希特勒一心想着如何借助战利品来支持德国战车的运转。"我的将领们对战争经济一窍不通。"他厉声说道。陆军总司令部没有让步，针对战略目标的争议充斥着战争的整个过程。德国军队越过俄罗斯边境后，希特勒把最高统帅部长期地设立在东普鲁士拉斯滕堡以东的格尔利次山脉，代号为"狼穴"。他将在这里待到1944年11月20日。他偶尔才去一趟乌克兰维尼察附近的"防卫之狼"前线指挥部，几乎不去柏林或他在巴伐利亚的元首山庄。他没有料到会在"狼穴"待这么长时间，因为他本来预计3个月便可以征服俄罗斯。"我们只要踏进门，"他对约德尔说，"这个腐烂的建筑就会土崩瓦解。"

初始阶段的乐观主义似乎并不为过。德国军队突进的速度非常快——头 3 个星期之内推进了 400 英里——苏联红军士气低落，溃不成军。哈尔德在日记里写道："这场战争 14 天就打赢了。"希特勒也对随从们说："俄罗斯人输掉了这场战争。"随后又发布命令裁减陆军编制，相应地扩充德国空军，以便接下来攻击英国。

在这个关键时刻，希特勒的将领们再次提议进攻只有 200 英里之遥的莫斯科，这对整个战争具有决定性的意义。希特勒拒绝了他们的请求。他被成功冲昏了头脑，又加上求胜心切，妄想一蹴而就，所以下令中路集团军群坚决阻击越来越猛烈的反击，同时把它的装甲部队调到北路集团军群和南路集团军群。然后希特勒下令这两路集团军群沿着上千英里的战线散开，攻占越来越遥远的目标。在基辅大战中，格尔德·冯·伦德施泰特元帅的南路集团军群被希特勒加强之后俘获了 66.5万苏联红军战士。这场战役似乎再一次证明了希特勒的军事天才，但是它在很大程度上只是一场战术上的胜利，浪费掉了宝贵的时间。

9 月希特勒才同意向莫斯科全面进军，即便在那时他也无法集中兵力夺取一个目标。威廉·冯·里布元帅的北路集团军群受命攻占列宁格勒，伦德施泰特的南路集团军群将扫荡克里米亚半岛，攻占罗斯托夫之后，控制伏尔加河和高加索山脉的油田。"我们接到这些命令的时候大笑不止。"伦德施泰特回忆说——冬天已经来了，目的地却在 400 英里之外。在尚未开始之前，恶劣的天气就已经注定了莫斯科之战的失败：在 12 月的冰天雪地里和低于零度的严寒中，希特勒的军队在苏联的首都跟前停顿了下来。布劳希奇辞职，希特勒宣布他将亲自履行陆军总司令的职责。

希特勒又故技重演，把挫败的责任推卸给总指挥官。约瑟夫·戈培尔访问了希特勒的指挥部之后，在日记里写道："元首一谈到布劳希奇就使用鄙夷不屑的言辞——他是一个爱慕虚荣、可怜巴巴的胆小鬼，连正确估计形势都做不到，更不用说控制全局了。他经常干扰元首的判断，总是不服从元首的命令，完全破坏了元首设计的有条不紊的东线进攻方案。"从那以后，希特勒把精力几乎天天耗费在东线战争的进展上。当苏联红军发动一场大规模的反击战时，希特勒根本不理睬将领们提出的进行战术撤退的建议，坚持要求德国军队熬过俄罗斯的寒冬腊月。"全面撤退是不可能的，"他下令，"我们应该在身后构建防御工事的想法简直是愚蠢之极。"在苏军和严寒的双重夹击之下，德国人损失了大量的人员和武器——由于希特勒坚持认为战斗会在秋天结束，所以大部分士兵都没有过冬的衣物——但是他们最终击退了俄罗斯人的进攻。春天到了，他们仍然待在俄罗斯腹地，准备再次发动攻势。

1942 年夏天，希特勒又指挥部队开始行动，这次的重点在战线的南翼。目的地是重要的工业中心斯大林格勒和高加索山脉的油田，他必须攻下这两处目标以维持德军的给养。在乌克兰的临时指挥部里，希特勒越来越兴奋地密切关注着德国军队沿顿河和顿涅茨盆地之间的走廊快速推进，他觉得胜利又掌握在自己手里。向高加索山脉的进军速度非常快，但是德军在超出补给线之前刚刚到达油田的边缘，此时苏联红军的抵抗也越来越激烈。在斯大林格勒，弗里德里希·冯·保卢斯上将的第六集团军在城南和城北都修筑了阵地，但是直到9月初仍没有任何进展。当陆军总司令部参谋长哈尔德建议中止进攻时，他也被解职了。希特勒说，目前亟须的不是专业才能，而是"国家社会主义者的热忱"。他提议由更年轻、更乐观的军官库尔特·蔡茨勒中将取代哈尔德。

哈尔德担心希特勒对敌人的低估已经达到了"荒唐可笑的地步"。当元首得知苏联可以在斯大林格勒北部地区再集结100万兵力，他们的坦克制造能力已经达到每个月1200台时，他勃然大怒，大喊着说他不想听到"这样的蠢话"。他的指挥部与世隔绝，更有利于他拒斥坏消息。希特勒11月回到"狼穴"时，约德尔感觉这里就像"修道院和集中营的混合体。除了战况汇报之外，外面的世界很少有什么消息可以进入这个圣殿中的圣殿"。这座建筑周围环绕着雷区和带刺铁丝网，在树木的遮蔽下，从最近的公路都很难发现它的踪迹。希特勒和他的随从在小木屋里工作，居中有一座棚屋，大部分的参谋人员都住在里面。希特勒自己住在一个巨大的

1942年，希特勒视察身着防寒军装的士兵。上一年的冬天，在俄罗斯的德国军队由于缺少保暖的衣服，数不清的士兵被冻伤，约有113000人得了冻疮。

地堡里，阳光透不进去，炸弹也撼不动它。在15英尺厚的混凝土下面，希特勒有一个包括3个小房间的套间，墙壁没有粉刷，木头家具也没有油漆。他声称不需要任何前线战士无法得到的生活享受。

每天的工作重心就是中午的战况汇报。在场的除了各个部门的副官及联络官之外，还有凯特尔、约德尔、陆军总司令部参谋长及德国空军、海军和外交部的代表，有时还有海因里希·希姆莱、戈林或施佩尔。他们全都围着一张宽大的放军事地图的桌子站立，但希特勒例外，他坐在一把铺着灯芯草坐垫的普通扶手椅里。戈林的块头很大，有时候也可以坐下。地图展开之后，各个战区的汇报开始，希特勒一边提问，一边斟酌各种可能性，而后做出——或者推迟做出——决定。保存下来的会议速记文档显示，希特勒有时似乎很精明，提的问题一针见血，但更多的时候拘泥于细枝末节，不得要领。他时不时地进行严肃的战略分析，但常常又谈起如何对付游击队的问题，或者指出把一个士兵留在前沿阵地时间过长的危险。令施

在东普鲁士的"狼穴"大本营，希特勒形影相随的秘书马丁·鲍曼（前景）步伐一致地与元首及外长里宾特洛甫一起散步。

佩尔感到惊讶的是希特勒认为自己有能力解决各种各样、包罗万象的问题。元首主要的兴趣放在东线，但是他也关注欧洲被占领土的情况，意大利的政治和军事动态，德国军队在非洲的进展——在那里，隆美尔最近的一次进攻在埃及边境受阻。

正常情况下，傍晚时分还要开一个小型会议，之后的晚餐常常从 8 点钟持续到午夜。希特勒通常与参谋人员一起在军官食堂里吃饭，这个用松木搭成的简陋小屋气氛压抑，在施佩尔眼里就像"小镇火车站里的餐厅"。患失眠症的希特勒对这些毫无怨言的听众发表长篇大论，晚餐拖的时间越长越好。他通常在凌晨 4 点结束工作，与秘书一起喝茶。刚开始他们聆听路德维希·范·贝多芬、理查德·瓦格纳和雨果·沃尔夫的音乐，后来当战场上传来的消息越来越糟糕的时候，希特勒再也提不起听音乐的兴趣，便长时间地沉浸在过去的回忆里。他唯一的休息便是在上午遛他的德国牧羊犬布隆迪。

1942 年底和 1943 年初的时候，战场上的形势逆转令希特勒寝食难安。在非洲，英国军队在阿拉曼击败了隆美尔，之后不久盟军在阿尔及利亚海岸登陆，占领了整个法属北非直至突尼斯边境的地方。在斯大林格勒，苏联红军 3 个集团军群包围了严阵以待的第六集团军，形势非常危急，保卢斯多次请求向西南方向突围。希特勒表示坚决反对。绝不撤退的策略在去年冬天取得成功之后，希特勒禁止指挥官们未征得他的同意就擅自做出

上图 希特勒和纳粹核
心权力集团的其他成员出席
马丁·鲍曼和格尔达·布赫
在 1929 年举行的婚礼。站在
最左边的是鲁道夫·赫斯，
鲍曼将取代他成为希特勒最
亲密的助手。

下图 在这张战争年代
拍摄的照片里，格尔达·鲍
曼怀里抱着最小的孩子，其
他 7 个孩子按个头和年龄排
成一行。尽管马丁·鲍曼担
心孩子们在战争时期的人身
安全，他却是一个暴君父亲，
常常为一些小小的过失鞭打
他们。

曼尼娅·贝伦斯
（右）戴着高顶丝质礼
帽，打扮成玛琳·迪特
里希妖艳动人的模样，
为主演的影片《沐浴的
苏珊娜》拍摄宣传照

自负的
花花公子

在争夺政治权力的过程中，希特勒的私人秘书马丁·鲍曼表现出精力旺盛、专横傲慢和自私自利的特点，在日常生活中对待自己的女人也是如此。鲍曼的妻子格尔达·布赫身材高挑，长相俊美，她的父亲曾是纳粹早期的一个重要人物。鲍曼不停地让格尔达怀孕，生下了10个孩子。但是鲍曼是一个缺乏教养的丈夫，把妻子当成女佣人使唤，还当着客人的面侮辱她。"他对待妻子如同贫民窟里的乞丐一样粗鲁无礼。"纳粹同事瓦尔特·达雷说。

鲍曼还不停地背叛妻子，他的风流韵事一件接一件地发生。1943年，妻子的女友、舞台剧与电影演员曼尼娅·贝伦斯竟然成了他的情妇。他在和曼尼娅一起度过了第一个夜晚之后，就给格尔达写信详细描述引诱贝伦斯的过程，并吹嘘说："她多次拒绝之后，我还是占有了她。

你知道我的意志力之强大；时间一长，曼尼娅就抵挡不住了。"他又郑重其事地说，从今以后，他要保持强壮的体魄，以便满足两个女人的性欲。

即便如此，他也没有赶走妻子。格尔达知道真相之后，便邀请贝伦斯住到自己的家里来，甚至在丈夫腻烦之后一脚踹开这个情妇时，格尔达仍然和她保持联系。阿尔伯特·施佩尔写道："即便在如此之多残酷无情的男人当中，鲍曼仍以他的野蛮和粗俗引人注意。"

战术撤退的决定，哪怕只是稍微后撤也不行。这个指示得到了严格的贯彻；在苏联前线的军官开玩笑说一营之长都不敢把岗哨从窗户边移到门边。

希特勒给绝望的保卢斯发去电报，指出撤退和投降都是不可取的："哪怕最后只剩一个人，第六军也要在斯大林格勒完成它的历史使命。"保卢斯最终于1943年1月31日向苏联红军投降，希特勒认为这是一种背叛。在参谋会议上，他说他不懂保卢斯为何要投降而不是自杀。"只要一想到一个有强烈自尊心的女人会仅仅因为听到几句侮辱性的话，就把自己锁在屋里开枪自杀，我就更瞧不起宁肯被俘也不敢这样做的士兵，"希特勒暴跳如雷地说，"我不懂为什么像保卢斯这样的男人不选择自杀。到关键时刻没有胆量做弱小的女人都能做的事情，成千上万的士兵、军官和将领们英勇无畏的精神都因为他一个人而一笔勾销了。"

希特勒越来越孤立了。他拒绝与参谋人员一起用餐，把饭菜端进自己的房间里。在斯大林格勒战役之后，希特勒只在公开场合做过两次大的演讲，他在一年一度的慕尼黑纳粹党党代会上的讲话也是由人代读的。随着坏运气不断地降临到他的头上，希特勒停止下达作战指示。在德军高奏凯歌的日子里，这些作战指示曾用于阐明他的政治和战略目标。与此同时，他下令参谋人员停止研究长远的计划，他们得出的结论是他所不能接受的。

希特勒不愿意回到德国被轰炸得乌烟瘴气的城市，

他常常把高层官员们召集到"狼穴"，甚至到乌克兰的最高指挥部。他们坐上 3 天的火车到达苏联的前沿阵地，却只能和元首短暂地聊一些往往无关紧要的话题。在斯大林格勒战役后不久，希特勒向一群来访的纳粹党中央党部官员和各大区党部书记解释说，德国军队里从罗马尼亚和匈牙利应征入伍的士兵胆小如鼠，是他们导致了这场灾难。为了与希特勒保持频繁的联系，约阿希姆·冯·里宾特洛甫、戈林和希姆莱等内阁部长如卫星环绕地球一般在附近设立了办公室，此情此景使一位来访者想起了"17、18 世纪的皇帝宿营地，王子们和他们的王宫随着各自军队的移动而移动"。

随着德国的军事优势转为劣势，纳粹党的权力机制也发生了变化。1941 年春天，鲁道夫·赫斯离奇地离开德国前往苏格兰，他的助手马丁·鲍曼很快就填补了他留下的空缺。赫斯的副元首一职被取消，但是鲍曼当上了新设立的纳粹党中央党部总书记，把纳粹党内大权掌握在自己手里。他以特有的勤奋和疯狂的热忱着手建立一个权力大本营，目的在于削弱政治对手的势力，帮助自己登上希特勒核心权力集团的顶层。他的两大撒手锏之一便是作为大区党部书记的顶头上司，任命党部书记都得经过他的同意。其二便是他与希特勒的交往。大区党部书记必须履行建立本地区民防系统的新职责，这使得鲍曼有效地控制了整个德国的民防系统。但是这还不是他想要的全部，1943 年春天他终于如愿以偿地当

上了元首秘书。现在，鲍曼声称自己有权过问纳粹党中央党部权限之外的许多事务。他的坚硬触角伸到了法庭、教会、战俘营、国内的治安防卫和国家机关的职能。尽管在理论上他与希姆莱共同掌管被称为人民冲锋队的国内警察部队，但事实上都由他一人说了算。

鲍曼决定什么人可以在什么时候拜见希特勒，他阻拦高级将领和内阁官员时从不犹豫。事无巨细，鲍曼总要过问。他掌管希特勒的私人财务，为他挑选大部分的阅读材料，为他准备特殊的饭菜，并精心收集一些纳粹党高层官员的笑话讲给他听。与此同时，鲍曼向希特勒建议或者亲笔写下元首的许多指示，阐明二战后期的德国国内政策。心怀感激的希特勒声称自己离不开鲍曼，说他是"我最忠诚的党内同志"。

鲍曼是个狂热的反基督教主义者,除了服侍希特勒,他把其他时间都用于领导反教会运动。他还推行了最极端的对付犹太人、斯拉夫人和战犯的措施。他自封为纳粹党"纯净党风"的维护者,鼓励大区党部书记废止有不忠嫌疑的法庭,自行成立新的审判机构。在他警惕目光的注视下,人们常常由于说出失败主义的言论或忘记说:"嗨,希特勒!"而被砍头或枪杀。到1943年,这个姓名和相貌几乎都不为德国民众所知的矮胖官僚成了权势仅次于希特勒的帝国第二号人物,可能也是最让

1942年,刚刚就任武器与军备生产部部长的阿尔伯特·施佩尔在卡塞尔的亨舍尔兵工厂驾驶一辆试制的坦克驶上泥泞的土坡。这种 VK 3601(H)型坦克正是令人生畏的虎式坦克的前身。

人畏惧的人物。

但是有一个人鲍曼伤害不了，那就是阿尔伯特·施佩尔。施佩尔是一位才华出众的技术人员和计划制定者，是纳粹权力集团中唯一一位享有独立自主权的人物。这位建筑师于 1942 年出任帝国的武器和战备生产部长，他的前任是因飞机失事去世的弗里茨·托特。施佩尔克服一切困难，在德国城市被炸为废墟、东部的工业区和矿业区被苏联红军占领的情况下，提高了德国军工厂的生产能力。令人难以置信的是，在二战结束前 10 个月，德国的飞机和弹药产量达到了历史的新高。1944 年，德国的兵器产量是 1942 年的 7 倍，装甲车产量是 1942 年的 5 倍，弹药产量是 1942 年的 6 倍。但是工人的数量仅仅增加了 30%。

为了创造这些奇迹，施佩尔不得不首先整顿由于互相冲突的需求和国内各个部门的竞争而变得混乱不堪的生产系统。陆军、海军和空军的军工厂与大区党部书记经营的大部分工厂相互抢夺劳动力和原材料，它们又和希姆莱及党卫队控制的企业相互竞争。施佩尔在一次大区党部书记的会议上警告说，掌管原料采办的部门多如牛毛，使得德国订购的铜超过了全世界的总产量。

施佩尔完全可以倚仗元首对他的赏识，实际上希特勒让他全权掌管除党卫队企业之外的德国工业生产部门。大权在握的施佩尔便实施了一个"工业个人责任制"计划，将生产比较急需的兵器零部件的工厂升级为大规

党卫队全国领袖海因里希·希姆莱（中）在希特勒青年团团长阿图尔·阿克斯曼的陪同下，视察于1943年组建的党卫队第12装甲师，其将士都是从希特勒青年团招募的。元首说，希姆莱正在训练的"年轻人将撼动整个世界"。

模生产。为了提高生产效率，一家工厂只生产一种产品，而不像以前那样生产多种产品。工厂厂长全权负责各自工厂的生产，不受任何党部或政府机关的管制。施佩尔鼓励即席创造，鼓励工厂之间互通有无，并且对积极主动的工作态度和富有建设性的批评建议进行奖励。当盖世太保试图逮捕3个涉嫌有"失败主义"言论的厂长时，施佩尔坚持认为战争必需品的生产决定了坦诚估计形势的必要性，从而保护了他们。除此以外，他努力避免把刻意松散的组织系统变成官僚机构。当武器与战备生产部的档案在一次空袭中烧毁之后，施佩尔对"无用压舱物"的丢失表示欢迎，但是警告他的同事们不要依赖这种偶然的空袭来"持续不断地把必要的新鲜空气注入我们的工作"。

施佩尔不拘一格地雇佣任何可以胜任工作的人才——武器与战备生产部是反纳粹党分子的巢穴，鲍曼恼怒地控告说——他也不像大区党部书记那样不愿意在装配线上使用受到轻视的"劣等"民族，如斯拉夫人和匈牙利犹太人。所以他常常与希姆莱争夺劳动力。到1943年，施佩尔所辖军工厂的1400万工人中，外国人（自愿或强制的劳工、集中营囚犯和战犯）占了40%。大体上说，他主张为这些工人奴隶提供比较像样的工作条件和足够的食物，但不是基于人道主义的原因：他只是轻描淡写地说，工人又累又饿的话，生产力会下降。

到了二战中期，希特勒帝国的资深高层领导人中只有4个人——戈林、里宾特洛甫、希姆莱和戈培尔——仍旧出头露面。后两个人不仅大权在握，还进一步巩固了自己的地位，但是戈林和里宾特洛甫却成了有名无实的傀儡。这位帝国元帅仍旧拥有一整套风光无限的显赫头衔——德国空军总司令，"四年计划"的全权代表，帝国国会的议长，如此等等——但他实际上已被元首剥夺了实权，希特勒曾对施佩尔说他知道戈林生活腐败，染上了毒瘾。戈林的空军轰炸英国失败之后，紧接着又在斯大林格勒战役中对第六集团军支援不力，这使得戈林在希特勒心目中的地位变得无足轻重。现在，当戈林穿着他的白色或天蓝色军装、手里拿着饰有珠宝的元帅权杖在大庭广众中露面时，人们极有可能把他当成笑柄，质问他为什么在1939年吹牛说没有一架敌人的飞机能够越过德国边境。盟军的轰炸越来越猛烈，希特勒开始在公开场合严厉批评戈林。戈林躲在富丽堂皇的卡林堂的时间相应地越来越多，在那里，他不断地收集和欣赏掠夺来的艺术品和珠宝。

约阿希姆·冯·里宾特洛甫竭尽全力装出大权在握的样子，但是据一个同事观察，他花了大量的时间维护自己的特权，都抽不出时间做其他的事情了。尽管他仍然占据外交部部长的职位，元首却很少与他磋商。然而里宾特洛甫还是把外交部里的许多事务搁置一边，大部分时间都待在离希特勒很近的战场办公室里，等着被希特勒召见。"元首指挥部里稍微皱一皱眉头，"里宾特洛甫的新闻办公室主任说，"他的整个世界就跟着炸开了锅。"

与此同时，希姆莱却巩固了自己作为帝国最凶狠的强权人物之一的地位。作为党卫队和盖世太保的头目，希姆莱已经控制了这个警察国家无孔不入的政治迫害网络，1943年他又被希特勒任命为内政部长，权限扩及政府公务部门和法庭。他的领地不仅包括集中营——那里的囚犯充当他的党卫队企业的劳动力，还包括灭绝营——在那里，他实施了系统的大规模屠杀，灭绝斯拉

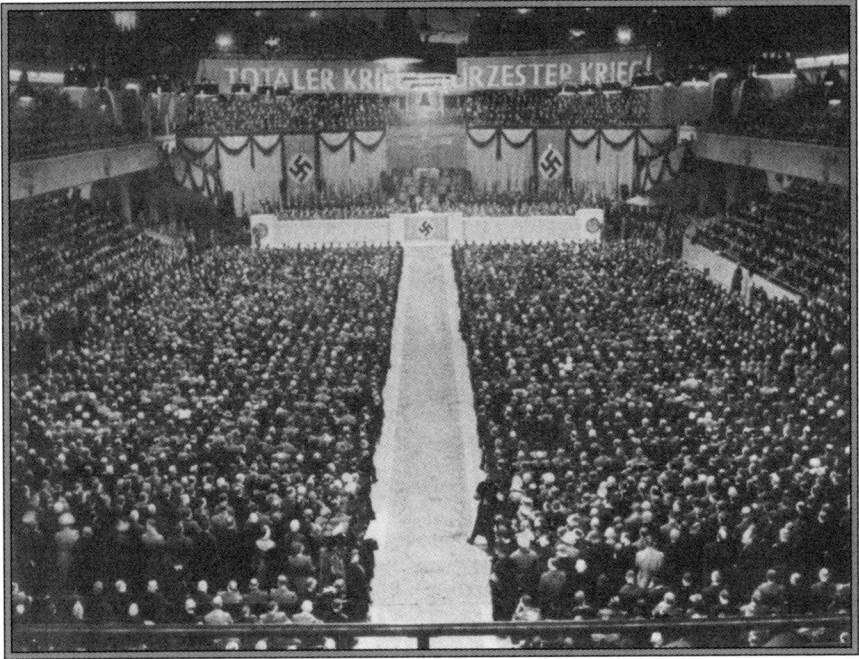

夫人和犹太人等"腐化堕落的种族"。1944 年，他接手了军方的军事情报组织和战俘营，掌管了东部占领区的行政部门。他的武装党卫队有 50 多万人，行使着私人军队的职能。二战末期，缺乏战争经验的希姆莱竟然被派去指挥东部战线的一个集团军群。尽管希特勒对他的迂腐感到厌烦，他却成功地组建了属于自己的、形同国中之国的权力王国。

比希姆莱更务实的戈培尔是最早觉察出德国形势不妙的纳粹高层领导人之一。劝说希特勒妥协求和失败之后，戈培尔把全部的精力都用来鼓动德国民众为所谓的全面战争做准备，斯大林格勒战役之后不久，他在体育

左边的照片显示，柏林体育馆里座无虚席——听众中包括与护士一同前来的伤员（右图）——他们都在聆听宣传部长约瑟夫·戈培尔继德国军队在斯大林格勒战败之后发表的演说，戈培尔在这次具有分水岭意义的演说中呼吁展开"全面战争"。希特勒没有出席，但他后来称赞戈培尔的演说是"心理意义上的杰作"。

馆一次振奋人心的演讲中提出了这个概念。他声言同盟国所要求的无条件投降意味着德国人必须在胜利和毁灭两者之间做出抉择。他觉察出德国民众中存在的恐慌、哀怨、盲从和自欺的情绪，并狡猾地充分加以利用，向他们灌输"亚洲游牧部落"的世纪末日论，还暗示说德国掌握了秘密武器，在崇山峻岭中构建了坚不可摧的堡垒，以鼓舞他们的士气。他甚至借助占星术编造对德国有利的结果预测，并通过媒体公之于众，他给助手的解释是"疯狂的年代需要疯狂的做法"。

由于希特勒不再在公开场合露面，戈培尔便更进一步地成为纳粹政权的代表和代言人。纳粹高层领导人中只有他一个人视察过被炸成废墟的德国城市。1944年，戈培尔被希特勒任命为全面战争的全权代表后，强制关闭了许多高档商店和豪华饭店，并严厉打击被德国民众

讥笑为"金野鸡"的生活优越的纳粹党中坚分子和利用
战争发了大财的奸商。没有比关闭戈林最喜欢的柏林霍
歇尔饭店更令戈培尔高兴的事了，但是他仍然费尽心机
地想恢复戈林的威望，以便与权力日益膨胀的鲍曼相抗
衡。戈培尔警告说，德国国内的政策已经完全不受希特
勒的控制了。"不能再这样下去了。"他对施佩尔说。

　　但是情况没有任何改观：戈培尔竭力劝说希特勒在
柏林多待一些时间，却不太成功。希特勒在宣布 1943
年是"咬紧牙关的一年"之后，他又声称自己的位置
应该靠近德国士兵。在希特勒的指挥部里，施佩尔发现
他像是完全变了一个人。"以前他做出决策时就像是在
闹着玩，轻松极了，"施佩尔回忆说，"但是现在他
的大脑似乎已经筋疲力尽了，不得不一点点地往外挤东
西。"1943 年初，希特勒的同事们注意到他的左胳膊
和左腿常常发颤，一直到他去世也未见好转。希特勒还
得依赖镇静剂和兴奋剂来对付精力的日益衰退和时不时
的心情抑郁，给他开这些药物的是他的摄影师介绍的庸
医特奥多尔·莫雷尔医生。

　　让施佩尔感到惊讶的不是希特勒已经失去了往日的
风采，而是他居然还能够履行元首的职责。1943 年 2 月，
元首强打精神飞往乌克兰，这是他最后一次去前线视察。
表面上他是去那里指挥陷入困境的南路集团军群，他们
正被逐出顿涅茨盆地。在这个关键时刻，希特勒对他的
军队说，"德国现在和将来的命运"都掌握在他们手里，

并许诺要派来"越来越多的师"和"独一无二的、迄今为止不被知晓的武器"。希特勒的确采取了积极的行动：他把权力下放给南路集团军群杰出的指挥官埃里希·冯·曼施坦因，并为他派去了增援部队。结果曼施坦因策划了一场反击战，又夺回了顿涅茨盆地和苏联重镇哈尔科夫，稳定了德军前线。

希特勒又想当然地把功劳揽到自己头上。据瓦尔利蒙特说："希特勒如同凯旋的军阀一样从乌克兰回到了东普鲁士，显而易见，他认为东线形势的有利逆转主要得益于自己的指挥有方。这场胜利的组织者其实是曼施坦因。"在柏林，这场胜利被视为"顿涅茨盆地的奇迹"，但是它将只不过是德国国防军最后的几场胜利之一。5月初，盟军攻克了突尼斯和比塞大，紧接着北非的轴心国部队全部投降，希特勒惊呆了。6月，盟军攻占了西西里岛，墨索里尼的政府垮台。在这场危机面前，希特勒保持了清醒的头脑，他迅速派遣德国增援部队赶往意大利，接管政权之后又着手部署迎击9月份登陆的同盟国部队。

在希特勒的指挥能力最受考验的俄罗斯，传来的几乎都是坏消息。希特勒不顾大多数将领们的反对，集中50万精锐部队，包括17个装甲师，在7月份从中路发动了一场大的进攻。损失惨重的俄罗斯人并没有退却，他们还以全线的反击，把德国人赶回了他们曾经大获全胜的地方，直至波兰和罗马尼亚边境。施佩尔说，很显然，"即便在夏天，主动权也已经掌握在了敌人手里"。

希特勒被迫组织防守反击，他发现自己的战略决策仅限于依凭哪座城市防御如浪潮般涌来的苏联坦克和步兵。在一些地区，苏联红军士兵的数目是德国人的 7 倍。希特勒深切意识到自己曾经说过的话有多正确了："比起遭到挫折或失败后有条不紊地把部队带回来，率领部队勇往直前直至取得胜利真是要容易几千倍。"但是希特勒仍旧要求哪怕最不重要的战术决策都要由他做主。"我不能把军事决策权让给别人，即便 24 小时也不行。"他凄苦地抱怨。

1944 年冬天，苏联红军攻到了波兰边境，盟军在意大利半岛上向北推进，希特勒周围的人却发现他越来越不愿意面对地堡外面危险的现实世界。他不屑一顾地把有关美国飞机产量和苏联战争实力的可靠数据说成是政治宣传。他坚持认为温斯顿·丘吉尔是个能力不济的酒鬼，富兰克林·D.罗斯福患的不是小儿麻痹症，而

希特勒注视着他的阿尔萨斯狗布隆迪跃过栏栅。在"狼穴"大本营里，希特勒上午散步时总是带着布隆迪，他对布隆迪有很深的感情。据一位助手说：布隆迪"在希特勒心目中的分量

可能胜过他最亲密的
同事"。

是梅毒，所以精神上不健全。希特勒规划战略问题时，总爱从头至尾把几乎已经全军覆没的德国部队计算在内。他认定实行民主制度的国家战斗力将日渐衰弱，所以想当然地预测盟军士兵碰到激烈的战斗就会四散溃逃。1944年6月，盟军在诺曼底登陆，希特勒拒绝听从隆美尔和伦德施泰特的劝告，他们认定敌人不可能被逼到海里去。希特勒咆哮着说，所有的将领都是懦夫和骗子，他们成心给他灌输一些不利的消息，"强迫他下令撤退"。

支撑着希特勒的是丝毫不曾削弱的自信心和对自己使命的信念。"他天生就是一个虔诚的信徒，"施佩尔说，"但是他的信仰已经堕落成对自我的崇拜。"施佩尔认为，如果希特勒确实有"根本性的精神错乱"的话，那就是这种"对自己的幸运星的坚定不移的信念"。事实上，在二战最后艰难的几个月里，施佩尔和希特勒周围的其他人发现他的信念和个人魅力具有强大的力量，他仍旧可以让他们违心地相信胜利不是不可能的。连老奸巨猾的戈培尔从元首指挥部里回来时，也会摈弃他的务实精神，变得乐观积极。戈培尔的新闻办公室主任也对希特勒的魔力啧啧称奇："一个眼神，一次握手，他就能改变'像我一样现实、清醒的人'的想法。"

　　然而，希特勒无法直接影响到的人却不抱幻想。随着形势的明朗——德国战败了，而希特勒却要苦撑到底，让德国与他一起毁灭——反抗的精神也开始增强。不管以前如何，现在时机已到，应该推翻这个糟蹋整个国家、使它濒临战败边缘的领导人了。

有1000套
服装的人

就衣着而言,希特勒的核心权力集团成员倾向于朴素单调的风格,但赫尔曼·戈林永远都是个光彩夺目的例外。他有着条顿人的浪漫气质,骨子里又有戏剧表演的天分,总是根据当时的角色需要把自己装扮得生动形象,神气活现地在第三帝国的舞台上走来走去。如这两页上的照片所示,在豪华的乡间别墅卡林堂里,戈林变成了尊贵的乡绅,穿着一系列阿尔卑斯山式样的紧身皮革短上衣和马裤、油光锃亮的束腰外套、长及膝盖的马靴、饰有羽毛的提洛尔便帽和厚厚的大衣。饰物一向是戈林整套服装中不可或缺的组成部分,对戈林的形象起到点缀的作用,而道具的搭配——比如说右手执古斯堪的纳维亚人的长矛——使戈林看上去像是一个了不起的猎人。

随着帝国元帅腰围的增大,他的衣橱也在不断扩充。到30年代中期,在他4座宫殿般的住宅里,各种各样的衣服胀满了壁橱,其中包括丝质内衣。戈林爱慕虚荣,常常担心自己的体重,他一天当中要换3到4套华贵的衣服。他的形象变化多端,下面几页上的照片展示的只是其中的一小部分。

适合一切场合
穿着的军装

他们开玩笑说戈林从来都不会光着身子。他们打趣说，即便在他洗澡的时候，戈林也会在浴盆里佩戴着他所珍爱的军功章和勋章的橡胶复制品。

  戈林非常热衷于设计、收集和穿着军装，那股激情在德国家喻户晓。出席国务活动或别的庆典时——比如说他与女演员埃米·索恩曼奢华铺张的婚礼（右）——按照社交礼节需要穿一整套军装。无论是作为帝国元帅，还是空军司令，抑或是国家社会主义党领导人出席官方活动，他所穿的军装的任何一个细微部位都会显得非常协调。

  戈林时时刻刻都显示出他对外表的格外重视，德国人民除了大惑不解之外，又受到深深的吸引。

鼓胀的衣橱里
衣物精选展示

　　希特勒知道戈林与大多数纳粹高层领导人不同，是一位优雅讲究的喜锦衣玉食者，便常常选派他接待来访的尊贵客人。戈林全身心地投入到这个讲究穿着品位的角色中去。他出现在外交场合时，穿着白色的燕尾服，打着白色的领带，有时穿着晨礼服或半正式无尾礼服；接待大区党部书记时，他穿着精致的套服，配搭饰有珠宝的匕首和其他昂贵的装饰品；在不太正式的场合，他穿着剪裁讲究的西装或毛纺灯笼裤。

　　在豪华的卡林堂与客人嬉戏玩乐的时候，戈林会倾全力展示自己的着装品位。他穿着硬挺的白色网球服招呼客人，穿着乡绅衣服为他们唱小夜曲，穿着天鹅绒灯笼裤和带金扣的鞋子领他们参观自己的艺术收藏品。他还会穿着一条巴伐利亚吊带花饰皮裤，带领客人在自己的猎场里打猎，最后穿着丝绸晨衣设宴招待他们。

4. 行刺“似有神魔暗中保护的”元首

时间是 1939 年，纳粹党日历上标明的事件是阿道夫·希特勒常常期盼的——啤酒馆暴动参与者每年一次的聚会。几年以来，希特勒都会在 11 月 8 日回到已经声名远扬的慕尼黑贝格勃劳凯勒啤酒馆，向一群激动万分的最早的纳粹党党员，即所谓的元老们发表一篇为自己歌功颂德的演说。第二天，他率领他们在慕尼黑的街道上重温当初的行军经历，队伍前方高举着啤酒馆暴动最珍贵的遗物，“血染的纳粹党党旗”——即一面卐字旗，据说上面沾染着在 1923 年被警察的枪林弹雨夺去生命的纳粹党烈士们的鲜血。

但是今年的 11 月有些不同。帝国正在与英国和法国交战，正在吞食被征服的波兰。希特勒希望庆祝活动的规模比往年小一些。他的副手鲁道夫·赫斯将代表他发表一年一度的讲演，为了安全起见，重温历史的游行也将取消。去年要不是希特勒运气好，他早就在游行中被一个名叫莫里斯·巴沃德的瑞士神学院青年学生刺杀了。巴沃德正准备拔枪的时候，他身前站在规定线之外的纳粹党党员们举起胳膊，向走过的希特勒欢呼致意，

1939 年 11 月 8 日，雷鸣般的掌声和欢呼声打断了希特勒在慕尼黑贝格勃劳凯勒啤酒馆的演讲。当时正值啤酒馆暴动 16 周年纪念日。元首结束演讲并离开啤酒馆几分钟之后，藏在卐字党旗后面柱子里的一枚定时炸弹爆炸了。

179

挡住了这位未遂刺客的视线。（巴沃德离开时没有被发现，后来却在火车上由于无票乘车而被捕。他身上的枪支被搜出之后，盖世太保对他进行了审讯，逼他说出了真相。他被斩首处死。）

离 1939 年的庆祝活动还有一两天的时候，元首改变了主意；他将亲自发表演说。11 月 8 日，他乘飞机到了慕尼黑。但是由于他所说的"重要的国家大事"，他必须连夜赶回柏林。为避免航班被大雾耽搁的可能性，他决定乘坐夜里 9：31 出发的专列。这个新的安排使得庆祝活动的程序也得跟着改变。以前希特勒都是 8：30 开始演讲，大约需要一个半钟头，今年他将提前 30 分钟开始，而且长度限制在一个小时以内。

希特勒的决定拯救了他的生命——因为他的讲台后面的圆柱里藏着一枚威力惊人的定时炸弹。这枚定时炸弹是施瓦本木匠格奥尔格·埃尔泽手工制作的。埃尔泽同情共产主义，已经为刺杀希特勒筹划几个月了。尽管啤酒馆已经变成了纳粹党的圣地，顾客仍可以在营业时间随意进出。4 月份，埃尔泽来到啤酒馆，丈量了圆柱。他已经偷来了一些炸药，又在一家枪支店里买了弹药。他成了啤酒馆的常客，经常在闭馆时间躲起来，人都离开之后才出来。在空无一人的啤酒馆里，他偷偷摸摸地用锯子锯下圆柱表层的一小块木质镶板。每天夜里，他取下镶板，凿出里面的砖头和水泥。第二天，他再把垃圾装在一只小箱子里拎出去。

在因啤酒馆谋杀案而丧生的纳粹党员的葬礼上，希特勒向受害者的遗孀表示慰问。9 人在爆炸中死亡，60 人受伤

经过 30 多天的秘密劳动，埃尔泽终于凿出了一个可以放定时炸弹的小洞。11 月 5 日，离庆祝活动还有 3 天，他把炸药放进洞里，爆炸时间定在晚上 9：20，估计此时希特勒的演讲正好讲到一半。

然而希特勒的新安排破坏了埃尔泽周密的计划。炸弹爆炸前 13 分钟，元首结束了演讲，走出了啤酒馆。一声巨响撼动了啤酒馆，天花板掉下来砸在了希特勒一直站着的讲台上，此时他已经坐车走在了去火车站的路上。爆炸炸死了一个女侍者和 8 个元老，炸伤了 60 多人。那天夜里，埃尔泽在逃往瑞士的路上被德国边境守卫抓住。他被关进了达豪集中营，一直活到 1945 年 4 月，希特勒下了最后的几道命令，其中包括将他处死。

死里逃生的经历对希特勒来说并不陌生。据他自己的统计，埃尔泽的定时炸弹是第七次有人企图谋杀他了。"我突然觉得我必须连夜赶回柏林，"元首事后回忆，"其实没有什么重要的事情等着我去处理，但是我听见了内心的呼喊，这呼喊拯救了我。我提前离开了贝格勃劳，这一事实证明命运之神希望我实现自己的目标。"

尽管希特勒说出自己受到命运之神保佑的豪放言论，他的内心仍被深深的恐惧所噬啮，害怕在实现自己的抱负之前被某个"罪犯或白痴"谋害。在这些年里侥幸逃过两次必死无疑的谋杀之后，希特勒不愿意再毫无必要地冒险。他下令大力加强自己在公众场合出现时的保安措施。党卫队中央保安办公室主任赖因哈德·海德里希采取了新的举措，其中包括对希特勒将要访问的地点持续进行监视，抽查进出该地点的人流和车辆，以及逮捕可疑人员以防万一。种种保安措施将使巴沃德和埃尔泽这样单枪匹马的刺客没有可能进入射杀范围之内。从此以后，要想谋杀元首，刺客必须来自他的核心权力集团。希特勒的帝国里只有一群人有能力完成这样的任务——他们就是德国军队的军官们。

德国军队的领导人并不急于起来反对这个人，因为是他恢复了他们的高官厚禄，又许诺说要让德国重拾往日的辉煌。在希特勒不择手段地改造这个国家的过程中——在1934年的血腥大清洗中，他取缔了身着褐衫的准军事武装部队纳粹冲锋队，杀害了两名高层将领，库尔特·冯·施莱谢尔少将和费迪南德·冯·布雷多少将——他们中的许多人都为希特勒鼓掌喝彩。将领们都顽固地遵循超党派的原则，对希特勒的残忍行为装作视而不见。大屠杀之后，他们接受了希特勒的保证："在这个国家，只有一个组织可以持有武器，那就是德国军队。"他们继承了长达几个世纪的服从国家元首的传统，从1934年起所有的军官和士兵都必须庄严地宣誓，这种誓言对他们也产生了一定的约束作用。"我对上帝宣下这神圣的誓言，"他们的誓言是这样的，"我将无条件地服从德意志帝国和人民的元首、德国军队的最高统帅阿道夫·希特勒，我将作为勇敢的战士，随时准备为我的誓言献出生命。"

1937年底，希特勒在德国总理府的一次秘密会议上向少数高级顾问透露了他的战争计划，此时才有人提出了重大的反对意见。战争部长、陆军元帅维尔纳·冯·勃洛姆堡和陆军总司令维尔纳·冯·弗里奇上将指出德国尚未做好与西方国家交战的准备，希特勒听了大发雷霆。他认为他们的看法正好印证了自己产生已久的怀疑——将领们既不能把握新时代的精神，又不能欣赏

1934 年，莱比锡市长卡尔·格德勒（右）与希特勒坐在一起。3 年后，纳粹分子拆掉了莱比锡音乐厅对面的犹太作曲家费利克斯·门德尔松的雕像，格德勒辞去了市长的职务，以表抗议。

他的天才。他觉得德国军队的将领应该像"屠夫喂养的狗，必须时时刻刻扭住它的项圈，防止它见人就咬"。

1938 年初，希特勒把他们两个都赶下了台：对勃洛姆堡用的借口是他的妻子年龄不及他的一半，而且以前做过妓女，弗里奇则被安上了莫须有的同性恋罪名。希特勒抓住这个清理门户的机会，强迫其他 16 位将领退休，又让野心勃勃但意志薄弱的瓦尔特·冯·布劳希奇上将接替了弗里奇的位置。他取缔了战争部，成立一个新的机构，即直接向他负责的德国武装部队最高统帅部（OKW）。他选用温顺听话的威廉·凯特尔上将出任最高统帅部总参谋长，凯特尔曾是勃洛姆堡的下属。

原有的陆军总司令部权限受到很大的限制，弗里奇也备受羞辱，以陆军总司令部参谋长路德维希·贝克中将为首的将领们气愤难平。尽管贝克仍然留任布劳希奇的助手，他还是想尽办法为弗里奇洗刷罪名。包括贝克的副手弗朗茨·哈尔德在内的少数资深将领却在策划更激烈的行动；他们准备与希特勒对抗，迫使他取消战争计划，停止党卫队和盖世太保的过激行为。哈尔德请求贝克加入他们的行列，但是这位小心谨慎的 57 岁的莱茵人拒绝了。"德国军官的字典里没有叛乱和革命这两个词汇。"他解释说。

路德维希·贝克将军担心希特勒提议入侵捷克斯洛伐克会使德国陷入一场无法打赢的战争，为此他辞去了陆军总司令部参谋长的职务，参加了抵抗运动。"我们所期待的成功会证明我们所冒的风险是值得的。"

然而几个月后，贝克却准备收回自己的话。1938年 5 月 28 日，希特勒批准了入侵捷克斯洛伐克的计划。作为一个民族主义者，贝克支持通过谈判让苏台德的德意志人回归祖国，但是他担心希特勒的行动会引发一场世界大战。在递给布劳希奇的备忘录中，贝克写道："进攻捷克会立即导致英国和法国的介入。结果不仅仅是战争的失败，还会使德国陷入全面的灾难。"为了迫使希特勒改变主意，贝克鼓动布劳希奇组织资深将领们集体

辞职。他明确指出了德国军队的高层军官们如果错过时
机会产生的后果。"与国家前途息息相关的决策正处于
危急关头，"他写道，"历史将控诉这些将领们的血腥
罪行，如果他们不愿遵从根据军事和政治知识做出的判
断，却要违背自己的良心。当一个战士的知识、良心和
责任感不允许他执行命令的时候，他也就无须履行服从
上司的义务。"之后，贝克又私下里与大不列颠和法国
政府接触，告知它们希特勒的计划。

布劳希奇拒绝支持他，贝克便辞职了。8月27日，
他向哈尔德移交了工作。贝克提到他的前副手在弗里奇
危机中策划的叛乱计划，他向哈尔德承认："我现在
明白了，你是对的。"

贝克决定后半辈子致力于阻挠希特勒的计划。在柏
林的家里，贝克小心谨慎地着手组织一场抵抗运动，吸
引了越来越多的军官和平民。除了哈尔德，参加者还有
第一轻型装甲师指挥官埃里希·赫普纳上将，武装部队
的反情报机构德国谍报局局长、海军上将威廉·卡纳里
斯，卡纳里斯的参谋长汉斯·奥斯特中校和柏林军事管
理区长官埃尔温·冯·维茨勒本中将。柏林警察局局长
沃尔夫·海因里希·格拉夫·冯·黑尔多夫，黑尔多夫
的副手弗里茨－迪特洛夫·格拉夫·德·舒伦堡，帝国
刑事警察办公室主任阿图尔·内贝等警察部门高级官员
也加入了进来，另外还有许多有影响力的非军方人士，
如莱比锡前任市长卡尔·弗里德里希·格德勒，帝国银

行的前任行长亚尔马·沙赫特，德国谍报局律师汉斯·冯·多纳尼，前盖世太保官员、现在内政部供职的外交官汉斯·吉泽维乌斯。

这些背景各异的成员们对是否应该刺杀希特勒或者只是逮捕他无法达成一致的意见，但他们仍然着手策划一场政变。德国军队开往捷克斯洛伐克的前几天，哈尔德将把这次秘密入侵的时间通知自己的同谋。然后维茨勒本上将所辖的柏林军分区部队和黑尔多夫所辖的柏林警察部队将占领城里的军事要冲，逮捕希特勒，宣布成立临时政府。赫普纳上将的装甲部队将阻止已经开往捷克边境的阿道夫·希特勒党卫队警卫团回撤柏林，解救元首，他的部队还将为柏林的暴动者们提供保护。

这次政变本可以大功告成，但是在 1938 年 9 月 29 日，英国首相内维尔·张伯伦同意了希特勒在慕尼黑会议上提出的要求，使政变策划者的计划彻底流产。德国不费一枪一弹便占领了捷克斯洛伐克。等到一年之后德国征服波兰的时候，贝克的组织才有机会再次策划反希特勒的行动。但是仍然存在一个主要的障碍：哈尔德和其他的政变策划者清楚，没有布劳希奇的命令，陆军的士兵们不会支持他们。因此哈尔德推迟了政变，直到布劳希奇有机会说服希特勒，进攻法国将是军事上的一场错误。哈尔德指望一旦布劳希奇的建议被希特勒拒绝，他便会参加政变。但是希特勒不光拒绝了布劳希奇的建议。他嘴里狂喊着 "措森精神" ——措森是位于柏林南部的一个小村庄，陆军总司令部所在地——指责布劳希奇的论点站不住脚，逼迫这位陆军总司令不得不彻底屈服。哈尔德担心元首已经听到了政变的风声，只好取消了这次行动。

1940 年 4 月和 5 月，德国国防军在北欧和西欧闪电般地取得了一系列令人瞠目结舌的胜利，希特勒的威信上升到了新的高度。由于德国民众、德国空军和陆军的基层军官都坚定地支持希特勒，哈尔德害怕政变会导致内战。尽管哈尔德鄙视希特勒，他还是停止了向贝克的组织提供积极的支持。"违背我对元首立下的誓言是不正当的。"他说。如果他们还要策划推翻政府的行动，他指出，必须等到希特勒在军事上或政治上遭到重大的挫折，威信降低的时候才行。

贝克松散的组织开始瓦解，与此同时，一些中坚分子着手策划刺杀行动。柏林警察局副局长舒伦堡计划在 7 月的巴黎胜利游行中刺杀希特勒，但是由于英国可能会空袭，游行被取消了。这一事件证明政变策划者们面临的困难越来越大。随着战争的持续，希特勒越来越不好接近。他拒绝宣布自己的日程安排，很少在公众场合露面，一旦露面周围必有重兵把守，他还常常在最后的关头取消活动安排。另外，即便希特勒死了，他的纳粹党羽们仍旧大权在握。

政变策划者徒劳无功地继续派人秘密前往国外，寻求同盟国的支持，但是同盟国一心一意想夺取全面战争

1938 年，内维尔·张伯伦（中）在慕尼黑与希特勒讨论捷克斯洛伐克的未来。英国首相同意了希特勒的要求，却不经意地破坏了德国军

人企图发动的一次政
变。"张伯伦先生在
微小的风险面前退缩
了，由此却使得战争
不可避免。"一个心
存怨恨的密谋者说。

的胜利，对德国军队内部的叛乱极为不信任。尽管他们
公开支持被占领土的抵抗运动，同盟国政府对德国国内
的反纳粹运动却不理不睬。

　　1942 年年底，人们渐渐意识到每天在波兰和俄罗
斯发生的大屠杀，德国在军事上的优势也开始逆转，因
而抵抗运动吸引来了新的重要人物。他们包括东部战
线中路集团军群的指挥官、陆军元帅君特·冯·克鲁

格，预备部队——为前线训练、补充兵员的国内警卫部队——副总指挥弗里德里希·奥尔布里希特上将。

1942年12月，抵抗运动盼望已久的灾难性时刻终于来到了。俄罗斯在斯大林格勒发动的反击战切断了德国第六集团军的后路。由于希特勒禁止部队后撤，24万名德国士兵战死或被俘。溃败的消息震撼了整个德国，高层军官们愤怒了。克鲁格在斯摩棱斯克的中路集团军群司令部成了产生反希特勒情绪的温床。克鲁格的作战参谋长海宁·冯·特雷斯科上校是不满者的头目。特雷斯科聚集了一群志同道合的军官，他们发誓在希特勒3月份来巡视的时候下手。

希特勒到来前几天，卡纳里斯海军上将以协商情报

1939年德国胜利攻占波兰，希特勒向他的将领们表示祝贺。他正把手伸向陆军总司令部参谋长弗朗茨·哈尔德（最右边）。即便在那个时候，哈尔德还在密谋推翻希特勒的独裁统治。

工作为借口，向斯摩棱斯克派遣了一个德国谍报局的小
分队。真正的目的却是协调刺杀希特勒的行动与柏林
的政变——并为特雷斯科捎去一些袋装书大小的可塑炸
药。这种炸药是英国为同盟国被占领土上的游击队制造
的。由于外观呈长圆形，这种炸药得了个"蚌"的名字，
它的化学信管点燃方式不会发出嘶嘶的警报声，因而比
德国的同类炸药更合适。一包"蚌"炸药便足以炸弯铁
轨，炸碎卡车发动机。

希特勒巡视快结束时，特雷斯科上校假装随意地请
与元首同机旅行的军官海因茨·布兰特中校帮一个忙：
布兰特能否给特雷斯科在东普鲁士指挥部的朋友赫尔穆
特·施蒂夫少将捎去两瓶很难得到的烈酒？当天下午在
机场，特雷斯科的助手法比安·冯·施拉布伦多夫上校
把包裹交给了布兰特。里面装的不是酒，而是4个"蚌"
炸弹，配有时间长达30分钟的酸液信管。就在递交包
裹的一刹那，施拉布伦多夫用钥匙顶开了酸液信管。

特雷斯科向柏林发送了一封加密电报，请他们为政
变继续做准备。接下来便是几个小时的焦急等待。然后
便有消息传来，说元首的专机已经在东普鲁士指挥部附
近的拉斯滕堡安全降落。

谋杀策划者们自然而然地担心如果没有引爆的炸弹
被发现，计划就会泄露，他们都会被处以极刑。特雷斯
科决定给布兰特打电话，告诉他出了差错：他派的人送
错了包裹。第二天，施拉布伦多夫坐上参谋的定期航班，

拜访了蒙在鼓里的布兰特，和他交换了包裹，把烈酒给
了他，取回了炸弹。施拉布伦多夫登上专门用于接待来
访参谋的停在岔轨上的列车，走到自己的分隔间，锁上
门，小心翼翼地用剃须刀打开包裹。酸液信管没有失效，
撞针已经松开了，起爆器也打开了。可塑炸药完全变黑
了，但是没有爆炸。很显然，飞机上的冷空气导致炸弹
没有引爆。

　　一个星期之后，他们又策划了一次政变。希特勒规
定 3 月 21 日为英雄纪念日，以纪念两次世界大战死难
的将士。他将在柏林军械库的大厅演讲，然后参观缴获
的苏联武器展览。特雷斯科特意安排中路集团军群的同
事鲁道夫·冯·格斯多夫少将带领元首参观。格斯多夫
将携带一枚配有 10 分钟长度引信的炸弹。但是希特勒
又一次打乱了计划。演讲结束之后，他疾步走
过展览的大厅，几乎没有看一眼那些武器。格
斯多夫没有任何机会靠近元首。他走进卫生间，
拆除了炸弹的引信，救了自己的性命。

　　此时，他们中的许多人已经引起了怀疑。
1943 年 4 月，盖世太保在柏林逮捕了舒伦堡，
然后释放了他。几天之后，多纳尼也被拘留；
奥斯特则被软禁在自己家里；贝克和吉泽维乌斯受到盘
问，但没有被捕。特雷斯科被临时派往前线担任团长的
职务，远离了元首，从而使他在抵抗运动中的工作也被
打断。

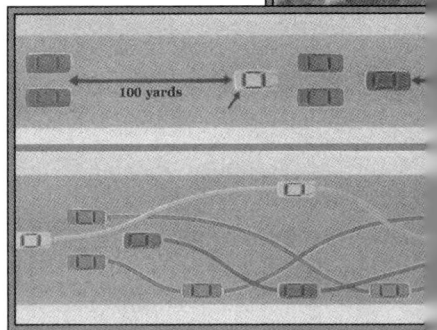

　　上图标示出了保卫希特勒车队的安全措施。在行进过程中（上图），一辆开道车走在最前面，元首的豪华轿车（箭头所指）跟在后面，中间距离50码，紧跟其后的是两辆坐满党卫队警卫的车，他们的后面又跟着一辆坐着党卫队官员的车。其他重要人物乘坐的车辆跟在车队的后面，相距100码或者还要多。下图标示出到达目的地、停车和离开的程序。

元首的
空中指挥部

阿道夫·希特勒把乘飞机旅行叫作"必要的罪恶"。当他乘坐飞机在各个战时大本营之间飞来飞去的时候,他的生命也最容易受到威胁。不过他非常信任他的飞行员汉斯·鲍尔和他的专机,一架昵称为"元首座机"的改装型 FW 200 轰炸机。

1937 年,帝国航空部购买了一架刚刚投入生产的 FW 200 远程运输机,专供元首使用。但是到了 1942 年,由于希特勒必须拥有安全性能更好的座机,航空部又

订购了一架军用 FW 200 神鹰飞机。这里展示的这种新型机有 4 台宝马－布拉默 323 法夫里尔发动机,每小时速度为 160 英里,最远可飞2210 英里。

除了希特勒,元首座机能再容纳 11 个人,希特勒座舱在飞机的中部。虽然飞机上装载了 4 挺口径为 7.9mm 的 MG15 机关枪,但为了在必要时刻使希特勒能够从底板处跳伞还安装了一个复杂的逃生系统,

希特勒的座舱

1. 紧急出口
2. 紧急出口的降落伞控制杆
3. 氧气筒和软管
4. 工作台（未显示）
5. 新鲜空气控制阀
6. 工作台灯
7. 希特勒的座椅
8. 降落伞背带和锁
9. 阅读用台灯
10. 安全带
11. 活动营救系统
12. 降落伞容器
13. 座椅降落伞

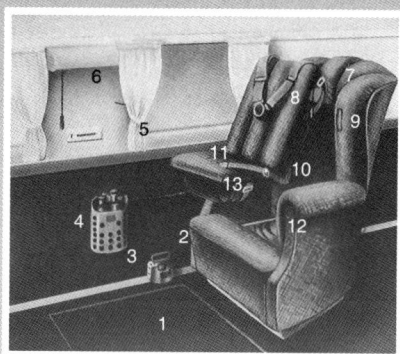

1943 年的夏天多灾多难——在这期间，苏联红军在东线发动反击，墨索里尼在意大利倒台，后来又被德国派遣的军队扶上台——但没有人试图刺杀希特勒。然而到了秋天，新的机会和新的领导人又产生了。

他就是 35 岁的克劳斯·格拉夫·冯·施陶芬贝格中校，贵族的后代，知识分子，一个才华出众的高层指挥官。施陶芬贝格与大多数军官一样，刚开始都被国家社会主义吸引，但是当他经历了俄罗斯的血战，又与特雷斯科长谈之后，开始认为希特勒正在把德国带到毁灭的边缘。但是他还没来得及加入抵抗运动，就被调到了北非，1943 年 4 月，他被低飞的盟军飞机上的机枪击中，受了重伤。他失去了左眼、右手和左手的两个手指，膝盖骨也被打坏了。在身体康复期间，他决定参加抵抗运动。秋天，他恢复现役，被任命为奥尔布里希特上将的参谋长。他的部分新工作就是审查和修改在柏林发生危急情况时对预备部队进行动员的命令。这项被称为"女武神行动"的工作为他组织政变提供了最好不过的掩护。

施陶芬贝格全身心投入到政变的筹划中去。除了准备刺杀希特勒的武器之外，他必须找到愿意执行刺杀任务的人。施陶芬贝格发现东部战线的老兵阿克塞尔·冯·德·布舍上尉是一个合适的人选。在乌克兰执行任务期间，布舍无意中撞见了一桩惨绝人寰的大屠杀。他惊骇万分地盯着党卫军部队在杜布诺机场射杀了 5000 名犹太人。当那些全身赤裸的男人、女人和孩子被赶到杀戮的地点时，

布舍徒劳无功地想办法阻止屠杀。他甚至想扒掉自己的衣服，加入到受害者的行列。大屠杀的记忆缠绕在他的心头，他愿意牺牲自己的生命，以求解脱。

但是要把一个在前线阵地战斗的上尉调到希特勒的身边绝非易事。一个展示新式军装和武器的机会来了。布舍是一个经常受到表彰的战场老兵，有着典型的日耳曼人的外形，对元首极有吸引力，所以最适合主持军装展示。他将在自己的军装里藏一枚炸弹。时机一到，他就会拉动引信，扑到希特勒身上，两人一

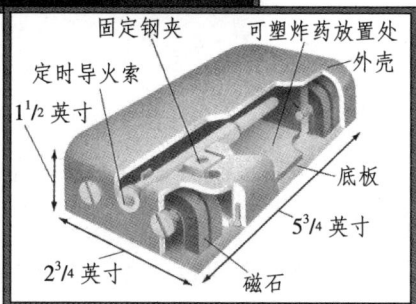

东线中路集团军群作战参谋海宁·冯·特雷斯科上校试图用一种英国制造的小型炸弹（如右图所示）炸死希特勒。定时信管的匮乏使他的刺杀方案变得复杂；唯一可用的点燃装置是酸液信管，定时的长度只有 10～30 分钟。

起同归于尽。

从 11 月到 12 月，一直到 1944 年的 1 月份，布舍做好了一切准备，但是希特勒迟迟不愿定下日子；后来，盟军的飞机炸毁了用于展示的军装和武器。布舍回到战

场，受了伤。接下来在医院的日子里，布舍把炸弹藏在
自己的财物中，逮住机会把它扔进了湖里。

尽管布舍无法再执行刺杀任务，但是军装展示的可
能性仍然存在，施陶芬贝格不愿放过这样的机会。另一
位青年军官——埃瓦尔德·海因里希·冯·克莱斯特
中尉——被要求考虑是否愿意牺牲自己的生命完成刺杀
任务。中尉向父亲——一个保守的普鲁士人，长期以来
一直反对纳粹党——征求意见。老人表示同意，克莱斯
特做好了准备，迎接军装展示会的到来。

此时，盖世太保开始向政变策划者们采取行动。
1944年2月，卡纳里斯被赶下了德国谍报局局长的宝座，
软禁在自己的家里。海因里希·希姆莱对这位海军上将
吹嘘说，他知道一个刺杀计划正在酝酿之中，他准备将
它镇压下去。

克莱斯特正在焦急等待的过程中，施陶芬贝格又招
募了一个刺客人选，埃贝哈德·冯·布赖滕布赫上尉。
1944年3月11日的下午，布赖滕布赫正准备跟着希特
勒走进一个房间枪杀他，这时一个卫兵拦住了他。尽管
布赖滕布赫是中路集团军群的参谋人员，他却没有资格
参加那次战况汇报。希特勒又逃过了一次劫难。

5月份，柏林和中路集团军群的政变策划者们受到来
自西线的支持。法国军管区总督卡尔-海因里希·冯·施
蒂尔普纳格尔上将加入了抵抗运动。施蒂尔普纳格尔想
尽办法劝说他的朋友陆军元帅埃尔温·隆美尔赶在英美

1944 年春天，埃尔温·隆美尔陆军元帅面带有趣的表情注视着他的上级格尔德·冯·伦德施泰特陆军元帅弯下身子抚摩隆美尔的一只小狗。他们两人都清楚陆军里有反希特勒的密谋。尽管伦德施泰特拒绝参加，但他鼓励隆美尔这样做："你还年轻，很受人民的拥戴，你一定要参加。"

联军进攻欧洲之前，利用自己的影响与他们谈判，结束西线的战争。抵抗运动希望德高望重的"沙漠之狐"同意在希特勒被杀之后担任国家元首，但是隆美尔反对刺杀行动。他辩解说，死去的希特勒将变成烈士，"暗箭伤人"之说将会流传——许多德国人用类似的说法来解释 1918 年的战败。隆美尔认为应该逮捕并公开审判希特勒，让全德国人民都了解他的罪行。

与此同时，施陶芬贝格仍在招募刺客人选。他愿意亲自出马，却无法接近希特勒。但是在 6 月，形势有所改变。施陶芬贝格被任命为奥尔布里希特的上级、预备部队总司令弗里德里希·弗罗姆上将的参谋长。施陶芬贝格的职责将使他有机会经常接触元首。现在他头一次准备亲自执行刺杀任务。他设法搞到了两包可塑炸药，每包重约两磅，配有酸液信管。炸弹刚好可以装进他的公文包里。从理论上讲，他很有可能在打开酸液信管，把公文包放到靠近希特勒的地方之后，赶在爆炸之前逃离现场。

施陶芬贝格不久就有一个机会可以评估成功的可能性。6 月 7 日，希特勒在元首山庄召开会议。施陶芬贝格参加并发现"元首周围的随从享有相当大的行动自由"。他备受鼓舞，但是留给抵抗运动的时间越来越少了。

德国在两个战线进行的战争陷入了绝境，沮丧的特雷斯科对施陶芬贝格说："关键不在于政变是否应该有确定的目标，而在于向全世界和历史证明德国抵抗运动愿意付出自己的全部。与此相比，其他的一切都不重要。"施陶芬贝格非常赞同他的看法。"现在陷入危险的不是元首，或国家，或我的妻子和四个孩子，"他说，"而是全体德国人民。"与失败相比较，无所作为更令人感到羞耻。

7 月初，尤利乌斯·莱贝尔被捕，这一事件更加剧了抵抗运动成员的紧迫感。莱贝尔以前是社会民主党的政治家兼国防专家，计划在政变之后担任内政部长。他知道大多数抵抗运动的主要成员，如果他被重刑逼供招认的话，那么一切都完了。

7月7日，等待已久的武器展示会终于举行了。但是克莱斯特无法让自己出面主持这项工作，而唯一在场的同谋施蒂夫将军却拒绝充当刺客。施陶芬贝格失望极了。他的精神状态把一位医生朋友吓坏了，医生劝他退出抵抗运动。毕竟他在战场上负的伤还没有彻底康复，身体的虚弱有可能导致他做出错误的判断。然而施陶芬贝格宁死也不放弃。

7月11日，施陶芬贝格又参加了在元首山庄举行的一次战况汇报会。这次他在自己的公文包里放置了炸弹。一切都准备就绪了。有一架飞机正在待命，可以随时载他逃走。国防军通信部部长、抵抗运动的老成员埃里希·菲尔基贝尔上将准备通知柏林的同谋者，断绝希特勒的指挥部与外界的通信联络。这个计划要求同时刺杀戈林和希姆莱，但是他们两个都没有出现，尽管会议将讨论的新组建的预备师是由希姆莱的党卫队负责训练的。所以施陶芬贝格只是介绍完自己掌握的情况便离开了——又浪费了一次机会。

3天之后，希特勒回到了他在东普鲁士的指挥部"狼穴"。指挥战争将近5年的经历给他带来了沉重的压力。他睡得很迟，一个人吃早餐，每天中午和参谋们一起开会研究战况。

7月15日上午，施陶芬贝格飞到"狼穴"专用的拉斯滕堡机场，参加一系列的战况汇报会。柏林的政变策划者们下令让"女武神行动"部队处于戒备状态。现在全部的重担都压在了施陶芬贝格身上，而他遇到的困难却难以想象。为了让炸弹准备就绪，他首先必须打开公文包，而后用钳子拧开酸液信管，这种酸液信管将在10分钟后打开起爆器——对一个只有3个手指的人来说，做到这一点非常不容易。在施陶芬贝格确定他自己完全可以在希特勒和希姆莱在场的情况下放下公文包之后，他还必须创造机会点燃引信，而后重新回到会议室，放下公文包，逃离现场。

在汇报会的间歇，施陶芬贝格给首都奥尔布里希特的办公室打电话，说即便希姆莱不能到场，他也要继续执行刺杀任务。奥尔布里希特没有立即答复，说自己将给施陶芬贝格回电话。奥尔布里希特的参谋长阿尔布雷克特·默茨·冯·夸恩海姆上校当时正好在柏林的指挥部里。他认为接下来的讨论"被故意延长"，后来又对妻子说，"当需要勇气和决心来采取行动的时候，他感到一种势单力薄的沮丧"——当然，施陶芬贝格除外。

施陶芬贝格尽可能耐着性子等待奥尔布里希特的电话，最后他决定独自采取行动。但是此时，最后一次汇报会快结束了，机会又错过了。回到柏林，奥尔布里希特宣布处于戒备状态的部队只是进行了一次演习，为了进一步掩饰，他又特意巡视了牵连在内的部队。

而施陶芬贝格也下定了决心，无论如何，下一次他都会引爆炸弹。

这时，西部前线已经到了崩溃的边缘。克鲁格和施蒂尔普纳格尔打算在与英国和美国达成停战协议的同时，把西线的德国军队迅速调往东线，挡住苏联红军的攻势。隆美尔表示同意，但他坚持要求向元首汇报，让他有机会支持这个计划。隆美尔起草了一封给希特勒的信，请求开始停战谈判，但是在他把信寄出去之前，他的专车被英国战斗机击中，他也受了重伤。

1944 年 7 月 20 日，施陶芬贝格又受命前往"狼穴"。拂晓时分，施陶芬贝格和他的助手维尔纳·冯·哈夫登中尉一起在柏林附近的朗斯多夫机场登上了一架 JU 52 飞机，开始了长达 300 英里的飞往拉斯滕堡的旅程。他的公文包里装满了汇报用的材料；哈夫登则携带炸弹。

前来迎接的一辆小汽车载着他们走了 4 英里来到指挥部所在地——沿着一条林荫小道，期间有 3 处设了关卡。这是一个天气炎热的夏日的上午。施陶芬贝格在指挥部食堂旁边的一棵橡树下吃过早餐之后，便开始了一连串的会议：首先是泛泛地讨论将要汇报的内容，然后与凯特尔会面，最后是 12：30 的元首汇报会。

施陶芬贝格向凯特尔的汇报大约在 11：30 开始后，年轻的哈夫登神经紧张到了极点。他在凯特尔办公室外的走廊上走来走去，把装着炸弹的包裹扔在一边。凯特尔的随从中有一个细心的勤务兵注意到了这个包裹，问

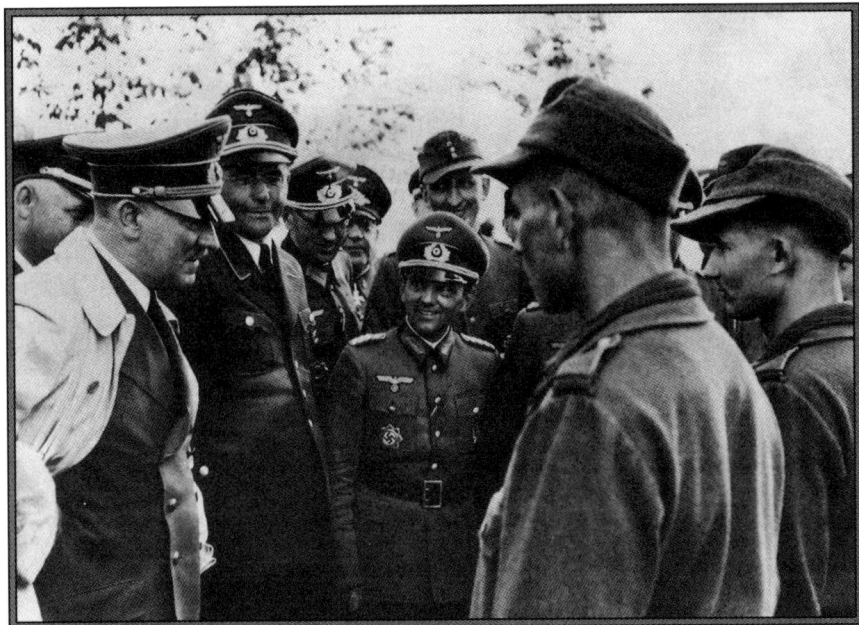

它是干什么用的。哈夫登解释说里面装着元首汇报会要用的材料，勤务兵没有产生怀疑。

　　军官们从凯特尔的办公室里出来，走上四分之一英里的路来到会议室时，时间差不多是12：30。施陶芬贝格问他能不能梳洗一下，换件衬衣。他被告知了卫生间的方向。但是施陶芬贝格走进了旁边的一间休息室，后面紧跟着哈夫登，他们两个开始做准备工作。哈夫登取出一枚炸弹，施陶芬贝格用按他的手型特制的钳子打开了酸液信管。他们只有10分钟的时间。现在开始准备第二枚炸弹。

　　凯特尔和他的参谋们不耐烦地等在外面。最后，凯

1944年7月7日，在陆军新式军装的展示会上，赫尔穆特·施蒂夫少将（中）离希特勒只有几英尺远。施蒂夫密谋政变的同事们希望他利用与元首的咫尺距离炸死希特勒，但是施蒂夫没有这样做，具体原因仍不清楚。

特尔的副官恩斯特·约翰·冯·弗赖恩德少校命令一个中士去催促施陶芬贝格。中士推开休息室的门，不解地盯着正在全神贯注摆弄公文包的两个人。快一点，他说。趁中士站在打开的门中央的工夫，施陶芬贝格把打开酸液信管的炸弹放进自己的公文包里，把第二枚炸弹留给了哈夫登。然后他急急忙忙地回到人群里。约翰·冯·弗赖恩德伸手去拿施陶芬贝格的公文包，显然是想帮他的忙，但是施陶芬贝格猛地一下把公文包甩到一边，当时的一些旁观者后来都记得他的坚定神情。与此同时，哈夫登前去寻找供他们逃遁的车。

因为天气太炎热，会议室里5个被钢条加固的窗户都被打开了。汇报已经开始一段时间了。站在希特勒旁边的阿道夫·豪辛格中将正在讲解东部战线的形势。希特勒坐在小板凳上，凝视着在笨重的木制会议桌上铺开的地图，他点头招呼了施陶芬贝格，又把注意力转到汇报上。施陶芬贝格小声地要求约翰·冯·弗赖恩德安排他坐得尽可能地离元首近一些，这样听得更清楚。这位乐于助人的副官把施陶芬贝格领到豪辛格旁边的位置上。施陶芬贝格冷静地把公文包放在会议桌下面。酸液信管被打开之后，大约5分钟过去了。

施陶芬贝格听了一分钟左右，然后轻声说必须打一个电话。约翰·冯·弗赖恩德把他领到门外，施陶芬贝格说他必须立即与菲尔基贝尔上将通话。副官命令一个接线员接通电话，然后就回到了会议室。施陶芬贝格拿起话筒，但是当接线员走开后，他又把话筒放了回去，离开了这座房子。他走了 800 英尺来到一个碉堡附近，哈夫登和菲尔基贝尔正焦急地等待着他，旁边有一辆车和一个司机。

他们在那里又站了大约有一分钟的时间。差不多 12 点 45 分了。一声惊天动地的爆炸让他们感到地面都在摇晃。

施陶芬贝格和哈夫登钻进车里，命令目瞪口呆的司机开车快速送他们去机场。他们经过的地方离被炸毁的会议室只有一箭之遥。施陶芬贝格后来说会议室看上去像是被 6 英寸的炮弹打了个正着。希特勒不可能躲过这次劫难。

在路上碰到第一个关卡时，施陶芬贝格吼了一句"元首的命令"之类的话，就被放行了。到第二个关卡时，卫兵已经接到命令，不要放任何人过去。当负责这个关卡的中士拒绝升起屏障时，施陶芬贝格要求使用警卫室里的电话。他把电话打给早上一起用餐的一个参谋，煞有介事地说他要到柏林执行非常紧急的使命。这个虚张声势的谎言还挺管用。他把电话递给中士，后者很快就给他们的汽车放行了。他们急速驶过树林的时候，哈夫登把第二枚没有用上的炸弹扔出了窗外。在第三个关卡之前，他们两个干脆下车步行到了机场。中午 1 点 15 分，爆炸发生后不过半个小时，他们已经登上了飞往首都的飞机。

克劳斯·格拉夫·冯·施陶芬贝格上校（最左边）在"狼穴"大本营里通向会议室的一条小径上遭遇元首。5 天后他试图用炸弹炸死希特勒。卡尔·博登沙茨上将（与希特勒握手者）和卡尔·普特卡默尔海军少将（左起第二人）在爆炸中受伤，威廉·凯特尔陆军元帅（右）却毫发未损。

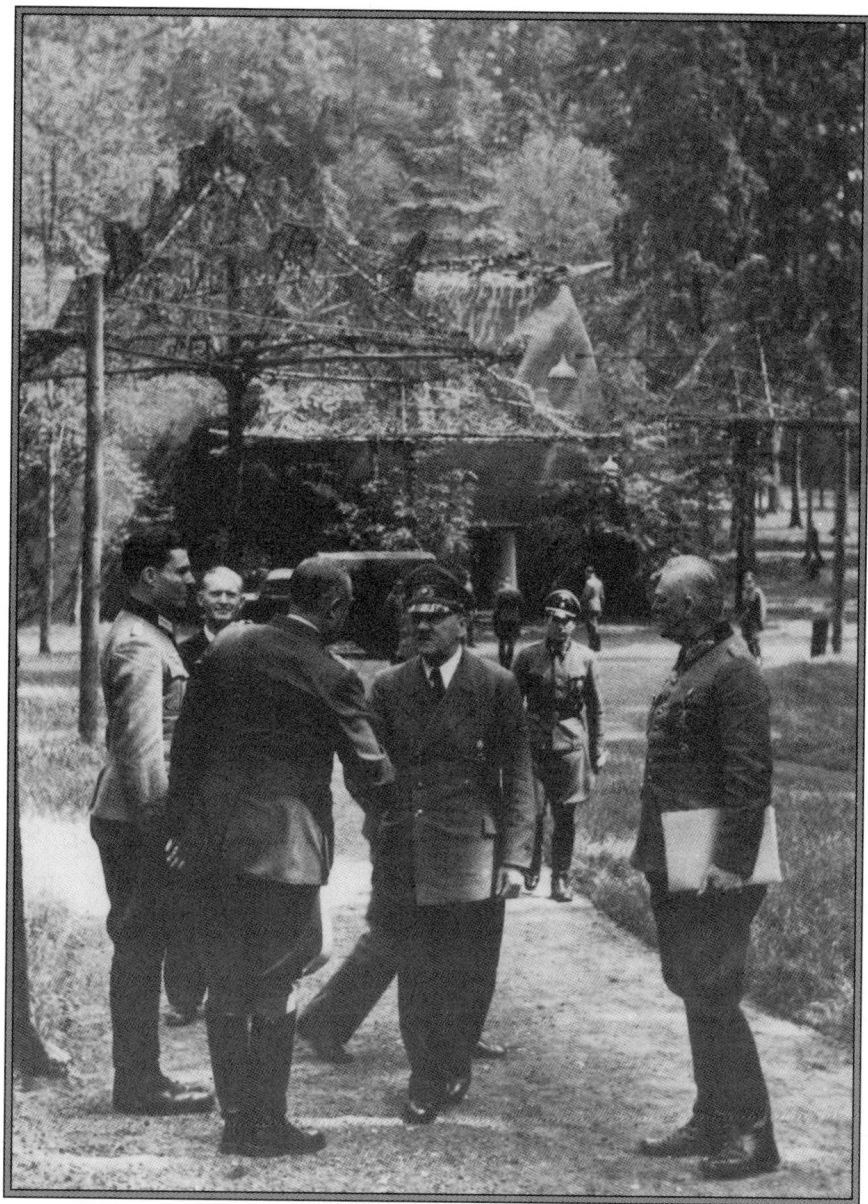

　　与此同时，菲尔基贝尔赶到通信部所在的碉堡，通知柏林的政变策划者希特勒已经死了。然后他计划切断指挥部与外界的通信联系。菲尔基贝尔忙了不到一会儿工夫，便发现从浓烟和灰尘中冒出一个人，他的头发和衣服都烧焦了，脸上黑乎乎的，军裤的裤腿成了晃来晃去的碎片。他就是阿道夫·希特勒。元首的右肘部受了严重的擦伤，耳膜也穿了孔，但他还活着。

　　希特勒非同寻常的运气又一次救了他的命。如果施陶芬贝格使用了两包炸药，站在公文包附近的人都不可能幸免于难。也许是当他正在休息室打开酸液信管的时候中士走进来惊扰了他，或者是他错误地以为第二枚炸弹在没有打开酸液信管的情况下不可能爆炸，施陶芬贝格把爆炸的威力削减了一半。还有，为了避免引人注意，他只能把公文包靠着会议桌一条粗大的桌腿放置——而且还在远离希特勒的一侧。爆炸毁掉了会议室，4个人受了重伤，其他在场的20个人被烧伤或擦伤。然而，敞开的窗户减轻了爆炸的杀伤力，厚重的桌面和粗大的桌腿形成一道屏障，保护了元首。

　　菲尔基贝尔心急如焚，但又拿不定主意。他想敦促政变策划者继续采取行动，同时又希望在政变失败的情况下不连累施陶芬贝格，便给等在政变策划者总部——即以前的战争部，现在的武装部队最高统帅部，位于柏林的班德勒街——的弗里茨·蒂勒上将发了一封意义含混的电报："发生了可怕的事情。元首还活着。"之后菲尔基贝尔下令限制"狼穴"与外界的通信联系——
这正合希特勒的心意。

菲尔基贝尔含混不清的电文让奥尔布里希特伤透了
脑筋。按照原来的计划，希特勒一死就要宣布成立新的
政府。新的政府将由贝克领导，格德勒出任总理，维茨
勒本统领三军。他们将颁布戒严令，占领重要的政府部
门和国家广播电台，并镇压党卫队和盖世太保。菲尔基
贝尔说元首还活着，却没说他的受伤情况如何。"可怕
的事情"指的是这次刺杀行动，还是政变图谋已经泄露，
或者是别的什么事情？奥尔布里希特和蒂勒不知道该如
何是好，只好先出去吃午餐。

当天下午，贝尼托·墨索里尼乘火车到达了"狼穴"
进行早就安排好的访问。希特勒不仅没有失约，还领着
他的意大利盟友参观了被炸毁的会议室。与5年前的啤
酒馆爆炸一样，希特勒对自己与死神再次失之交臂颇为
得意。"今天我奇迹般地死里逃生之后，"他对墨索里
尼说，"我更加坚信，命中注定我应该实现我们共同的
宏图伟业。"墨索里尼表示赞同。这位意大利领袖说，
这是天意。

奥尔布里希特和蒂勒吃完午饭之后，柏林已经谣言
四起。通信管制已经失败。大约下午3：15，施陶芬贝
格和哈夫登飞抵柏林机场。他们给政变策划者总部打电
话，宣布希特勒已经死亡，询问政变有何进展。他们得
到的答复肯定令他们失望不已，于是他们直接驾车前往

总部，大约一个小时后到达。

奥尔布里希特还在迟疑不决。也许他以为施陶芬贝格会在刺杀失败之后自杀，可他却回来了，奥尔布里希特后来绝望地说："现在我们没法否认了，对吧？"奥尔布里希特的参谋长默茨·冯·夸恩海姆上校坚决要求采取行动。在他的强烈要求下，奥尔布里希特终于从保险箱里取出发动政变的书面命令，开始下发。

这些命令要想生效，必须得有弗罗姆的签名。最终振作起精神的奥尔布里希特走进弗罗姆的办公室，告诉他说希特勒死了，请他签署命令，派遣预备部队采取行动防止国内暴乱。弗罗姆已经意识到了 7 月 15 日下令军队处于戒备状态的真相，这样的胡作非为让他非常气愤，所以他坚持必须首先确认希特勒的死讯。奥尔布里希特便以情况紧急为由拨通了"狼穴"的电话。接电话的人是凯特尔。

谣传都是胡说八道，凯特尔厉声呵斥。希特勒活得很好。弗罗姆呆若木鸡，不敢采取任何行动。

然而，在默茨·冯·夸恩海姆上校的督促下，班德勒大街的总部勉为其难地继续推进为时已晚的政变。4 点 30 分，差不多施陶芬贝格到达总部的时间，惊愕万分的发报员开始用电传打字机向所有军区拍发电报，宣布阿道夫·希特勒的死讯，并宣布在维茨勒本陆军元帅的领导下全国实行戒严。由于这些命令全是绝密，他们不得不在加密之后再逐个发送给 20 个军区。整个过程

会议室爆炸案发生几小时之后，希特勒身穿新换上的军装，显得有些惊魂未定，但没有受重伤。武装部队最高统帅部作战部长艾尔弗雷德·约德尔中将（头上裹绷带者）和希特勒的空军参谋尼古拉斯·冯·贝洛上校（约德尔左侧）也幸免于难。如果施陶芬贝格把装着炸弹的公文包

放在右边桌腿的内侧
而不是外侧,希特勒
就有可能被炸死(见
图示)。被炸死的海
因茨·布兰特上校把
公文包向前推得更远
(灰线),可能无意
中救了元首一命。

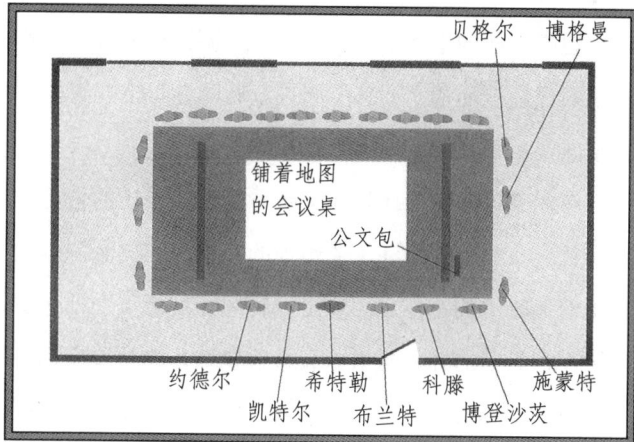

贝格尔　博格曼

铺着地图
的会议桌

公文包

约德尔　　希特勒　　　科滕　　施蒙特
　　凯特尔　　布兰特　博登沙茨

花了 3 个小时。

发报员忙着发报的时候，施陶芬贝格未经弗罗姆的同意，便以他的名义下达了第二套命令。他们向各个军区司令部具体说明应该采取何种措施占领通信设施，维护法纪和秩序，以及消灭党卫队和它的分支。在下达这些命令的过程中，施陶芬贝格和奥尔布里希特与各自的助手一起前去看望拒不合作的弗罗姆。

会面的过程弥漫着火药味。当施陶芬贝格说希特勒已经死了时，弗罗姆大喊："不可能！凯特尔告诉我的情况正好相反！"

"凯特尔陆军元帅一贯喜欢撒谎，这次也不例外，"施陶芬贝格反驳说，"我亲眼看到希特勒的尸体被人抬出去了。"而且，奥尔布里希特补充说，让预备部队启动"女武神行动"的命令已经发出去了。当默茨·冯·夸恩海姆上校被叫来确认第二条消息后，弗罗姆大发雷霆。他指责他的下属不听从指挥，企图谋反和叛国，宣布他们已经被逮捕了。弗罗姆说，施陶芬贝格应该立刻自杀。

施陶芬贝格冷冷地请弗罗姆看清楚，被捕的恰恰是他自己。弗罗姆开始动手袭击他的下属。在黑洞洞的枪口指着他时，他才停止了攻击。施陶芬贝格下令把弗罗姆关押在隔壁的办公室里，又继续集结其他的政变领导人和占领柏林所需的部队。不久之后，贝克和赫普纳赶来分别履行国家元首和预备部队司令的职责。

　　下达给各个军分区的命令自然而然地在德意志帝国内引起了极大的恐慌。尽管维茨勒本在 1940 年就成了陆军元帅，却没有足够的威信胜任武装部队的最高统帅。军区司令们纷纷找弗罗姆证实命令的真实性，却被告知弗罗姆不在。大约晚上 6：30，国家广播电台开始反复广播说有人企图刺杀希特勒，但遭到挫败。

　　不过，政变者也取得了一些进展。受他们指挥的预备部队和警察占领了柏林市中心政府所在地的大部分机构，正准备逮捕首都职位最高的纳粹党人、宣传部长戈培尔。西线的德军指挥官也采取了积极的行动；卡尔－海因里希·冯·施蒂尔普纳格尔下令围捕巴黎的 1200 名党卫队和盖世太保头目，并准备将他们送上军事法庭。

　　然而，广播电台播送着希特勒仍活着的消息，政变者掌握的部队行动缓慢，“狼穴”又发来了撤销行动的反命令，这些都开始产生影响。一些下属军官开始怀疑他们接到的命令是否合法。大德意志警卫营营长奥托－恩斯特·雷默少校奉命率领自己的部队粉碎一些纳粹党员篡夺权力的企图。他去拜见戈培尔——他奉命应该逮捕的人。

　　思维敏捷的戈培尔坚持说希特勒仍活着，而且，他还替雷默接通了元首的电话。当雷默听到元首的声音时，他意识到自己受到了愚弄。希特勒命令他调遣必要的部队镇压抵抗运动。雷默磕着脚后跟立正，表示服从元首的指挥。他命令手下拆除威廉街上挡住政府部门大楼出

　　7月21日凌晨一点钟，卡尔·邓尼茨海军上将在"狼穴"向全国发表广播讲话，代表海军向元首宣誓效忠。希特勒坐在鲍曼和约德尔之间，他第一个发表了广播讲话，解释炸弹刺杀行动的失败。

口的路障，并开始组织抵御政变者的行动。被派去占领
柏林市内和周围无线电发送站的部队倒戈为元首保护这
些设施。

　　施陶芬贝格、默茨·冯·夸恩海姆和奥尔布里希特
心急火燎地一直忙到夜里。他们设法安抚打电话来询问
命令可靠性的军官，想尽办法确定应该到达指定位置的
部队行踪，坚持与电台广播唱反调，说希特勒已经死
了，还有就是说服事先并未介入政变的参谋人员与他们
合作，因为这些人的作用对政变成功与否关系重大。在
这个过程中，贝克等待着接管国家大政。而本应该担任
武装部队最高统帅的维茨勒本陆军元帅却找不着踪影。

　　当汉斯·吉斯维乌斯——政变者们曾允诺他在新成
立的德国政府里担任重要职务——到达班德勒街的总部
时，那里混乱不堪的局面把他惊呆了。这样漫无目的地
瞎指挥是不会有好结果的，他说："我们必须现在就看
到几具尸体！"不应该等着部队来指挥，他说，军官们
应该亲自动手杀了戈培尔和盖世太保头目海因里希·米
勒。可是一切都太迟了：政变者们正在迅速失去对动
员起来的部队的控制，而忠于希特勒的部队已经开进了
班德勒街。

　　大约晚上 8：30，维茨勒本终于露面了，大楼门口
的岗哨由于不认识他而把他拦在门外。好不容易进了大
楼，他对施陶芬贝格的第一句话就是"这真是妙不可言
的混乱"。维茨勒本在大声抱怨以他的名义下达命令之

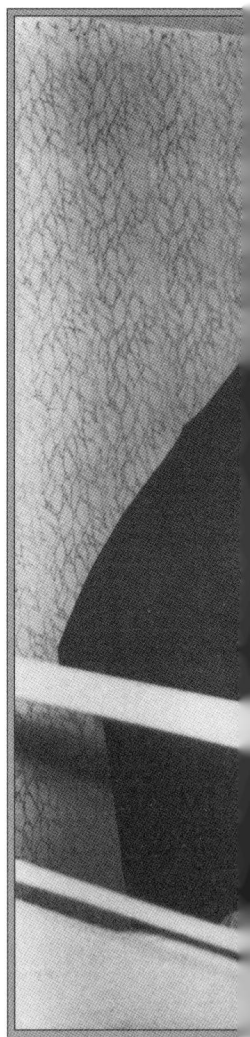

希特勒与被炸瞎的助手鲁道夫·施蒙特中将握手。2个月后，施蒙特伤重去世。元首受伤的右耳里塞着棉团，他向每一位在刺杀行动中负伤的军官颁发了特制的奖章（右上角）。

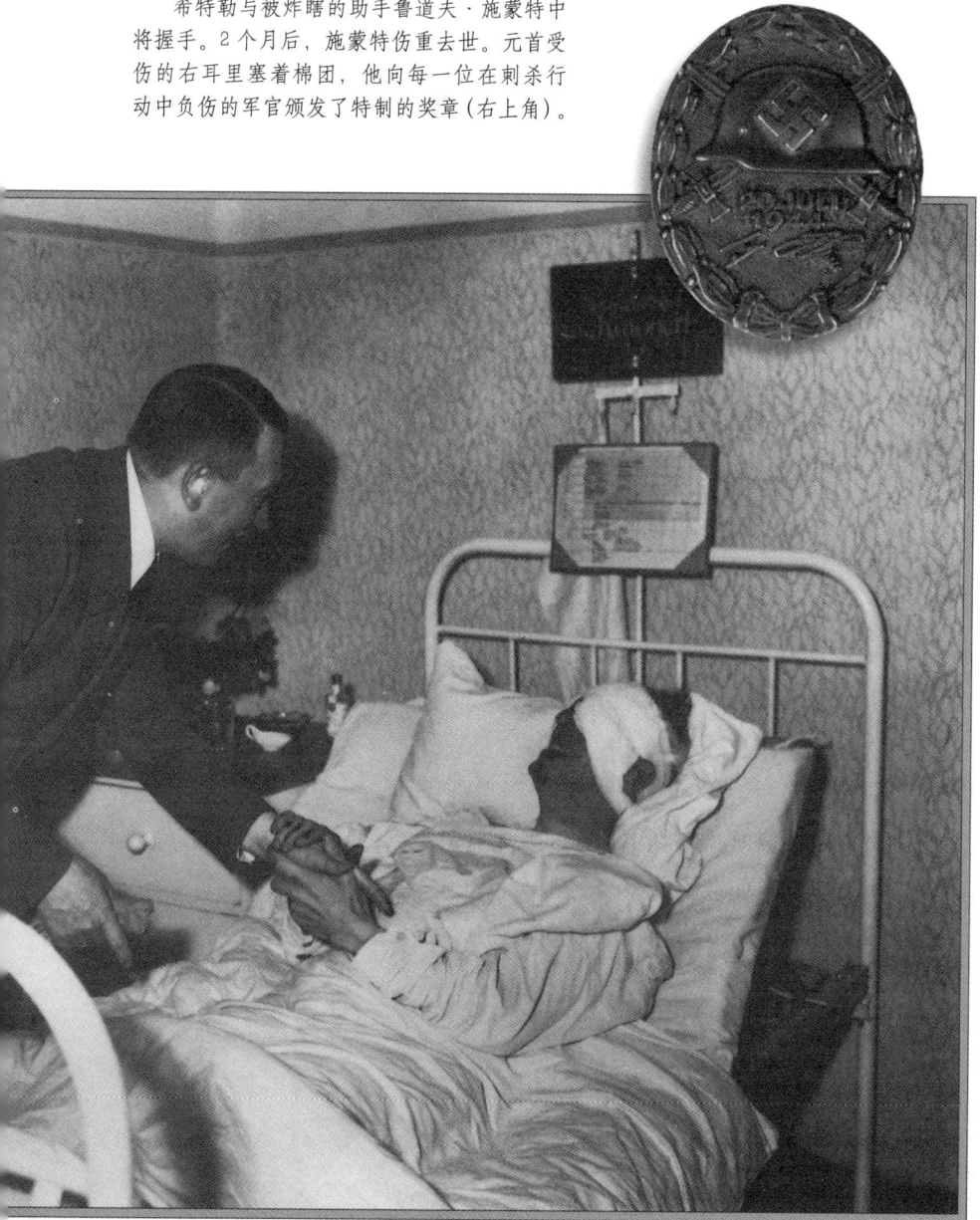

后，便怒气冲冲地回了自己的家。

大约晚上 9：00，没有参加政变的参谋人员要求见奥尔布里希特。他们要求他解释电台上广播的消息为什么与他们接到的命令有出入。奥尔布里希特没有解释，却要求他们保卫大楼。这群由弗朗茨·赫尔伯中校带领的参谋军官很不满意，他们要求见弗罗姆。

这位将军几乎没有采取任何措施阻挠政变。然而，现在有了效忠于他的军官们的支持，弗罗姆又准备重新控制局势。他走回自己的办公室，发现贝克、奥尔布里希特、赫普纳、施陶芬贝格、默茨·冯·夸恩海姆和哈夫登被效忠于他的军官们用枪口抵住了后背。"好了，先生们，"弗罗姆对政变军官说，"下午你们是如何对待我的，我也将如何对待你们。"他下令收缴他们的武器，说即将由他和在场的其他军官组成的军事法庭对他们进行审判。贝克要求保留自己的手枪"解决私事"。弗罗姆叫他动作快点。贝克把手枪举到太阳穴，开了枪。受了重伤但仍清醒的贝克又补了一枪，倒在地上失去了知觉，但仍有呼吸。一个中士向他开了致命的一枪。

弗罗姆问其他的政变者有什么心愿要了结。奥尔布里希特和赫普纳——赫普纳否认他介入了政变——请示写下遗书。他们两个磨磨蹭蹭地写了半个小时，弗罗姆没有耐心再等下去了，宣布他们被判处死刑，而后命令他们下楼走到院子里。施陶芬贝格简短地说了一句承担全部责任的话；其他的人，他说，是受他直接领导的。

然后他们全都被处决，只有赫普纳说服弗罗姆把他送进了监狱。

在庭院里，几个汽车司机奉命把车开了进来，打开前灯照亮靠近一个建筑工地的一堆灰土。奥尔布里希特被推到土堆跟前，由 10 个士兵组成的行刑队开枪打死了他。施陶芬贝格也被带到了土堆前，他面朝行刑者大喊了一声："神圣的德意志万岁！"来复枪准备开火的时候，哈夫登猛冲向前挡住了子弹。行刑队又装上了子弹，打死了施陶芬贝格。默茨·冯·夸恩海姆是最后一个被枪杀的人。

弗罗姆向庭院里的士兵——他们与其他表示效忠的部队一起围成了班德勒街四周的警戒线——发表了讲话。在三呼"胜利万岁"之后，他驾车前去向戈培尔汇报自己的功绩。党卫队给他的奖赏就是将他立即逮捕和最终被行刑队处决。

午夜过后不久，大约就在施陶芬贝格和他的同事被处决的时间，阿道夫·希特勒嘶哑的声音通过电波传了过来。他声嘶力竭地说他幸免于"德国史无前例的一次罪行"。在指出施陶芬贝格是未遂的刺杀者之后，希特勒说政变的阴谋与德国人民的精神没有任何牵连，然后他宣布："我们将用国家社会主义党党员习以为常的方式与他们算账。"

现在党卫队开始活跃起来。傍晚时分，希姆莱从东普鲁士赶来，在戈培尔家里设立了党卫队总指挥部。他

的第一步行动就是把弗罗姆下令枪杀的 5 个人的尸体挖
出来烧毁，而后到处胡乱散开他们的骨灰。在恃强凌弱
的突击队长官奥托·斯科泽尼中校——一年前他成功地
把墨索里尼从监禁中救出来——的指挥下，一个特遣小
分队开始大规模地抓人。

　　遭到逮捕的不光有政变的参与者，还有许多无辜
的人。希姆莱援引了所谓的古雅利安人的传统——"我
们将采用亲属无一例外均受牵连的办法，"他说，"免
得有人说，'你们的做法太布尔什维克'。这根本不
是布尔什维克的做法，而是我们的祖先经常运用的古
老习俗。你们可以去读一读日耳曼人的长篇英雄传奇。"
希姆莱发誓要将施陶芬贝格家族斩尽杀绝。被捕后送
往集中营的不光是施陶芬贝格的几十位亲属——从刚刚
学会走路的孩子到老人——还包括其他几十位牵连在内
的人的亲属。一些主要的政变领导人都被立即逮捕——
其中包括维茨勒本、菲尔基贝尔、奥斯特、卡纳里斯
和沙赫特。

　　中路集团军群司令部的特雷斯科和施拉布伦多夫知
道政变失败的消息之后，特雷斯科决定自杀。他一个人
到了前线阵地，拉响手榴弹炸死了自己。他最后的遗言
可以被视为所有抵抗运动成员的墓志铭："我们的行
为是正义的。几个小时之后，我将站在上帝面前，为我
的行为和疏忽承担责任。我觉得我可以问心无愧地说，
在反对希特勒的斗争中我已经尽了全力。我希望，上帝

1944 年 8 月 8 日，前陆军元帅埃尔温·冯·维茨勒本在人民法庭受审时拼命抓住抽去了裤腰带的囚裤。如果政变成功，他将成为德国国防军的最高统帅。当天他就被定罪和处决。

将因为我们的所作所为而饶恕德国。"

施拉布伦多夫不相信自杀的意义，他被捕后受到残酷的虐待。他的手和脚都被套上了一个带铁刺的金属装置；每次他拒绝回答问题的时候，这个装置就会被拧得更紧，铁刺就会更深地钻进肉里。然后，他的双手被绑在身体两侧，审讯者强迫他跪在地上，不停地用棍棒打他的后背，直到他脸朝下趴倒在地板上。他咬紧牙关挺了很久,最后才招供出特雷斯科的名字——他知道特雷斯科已经自杀身亡了。

尽管盖世太保使用了惨无人道的逼供办法,他们还是花了很长时间才拼凑出一张详细的政变参与者名单。3个自愿刺杀希特勒的军官布舍、格斯多夫和布赖滕布赫都没有被抓住。外交官汉斯·吉斯维乌斯躲了起来,并最终逃到了瑞士。

法国的政变者以所有牵连在内的人都以为班德勒街7月20日下达的命令是合法的为由,一度曾和当地的党卫队达成谅解。但是后来克鲁格为了拯救自己,把责任推给了施蒂尔普纳格尔。施蒂尔普纳格尔在奉命赶回柏林的途中让司机在凡尔登古战场附近停下车,试图自杀。不幸的是,将军只是弄瞎了自己的眼睛。一个月后,他被逮捕并枪决,但是在此之前,他在因伤昏迷不醒的时候,嘴里不停地念叨着隆美尔的名字。10月份,这位战功赫赫的陆军元帅与政变者的关系被确认。这个消息令希特勒大为震惊,因为隆美尔一向是他最器重的人之一。10月17日,党卫队特工包围了隆美尔家所在的乌尔姆附近的村子,两个军官请他做出抉择:在首都接受公开审判,然后被处决,家人也将被牵连;或者体面地自杀,得到国葬的待遇,享受永久的荣耀。隆美尔选择了自杀,而纳粹政府则履行了自己的承诺。

尽管克鲁格监督逮捕了十多个政变者,他也没有逃脱嫌疑。8月17日,他被罢免了法国军管区长官的职务,奉命前往柏林,他也在西线古战场的一个地点停了下来,吞下了一个氰化物胶囊。

纳粹政府为那些没有选择自杀的政变者在柏林的人民法庭准备了公开的审判。法庭的庭长是罗兰·弗赖斯勒法官,希特勒充满自豪地把这个虐待狂称为"我们的维辛斯基"——维辛斯基是 30 年代臭名昭著的莫斯科大清洗运动中的总检察长。第一批军官——其中包括维茨勒本陆军元帅——在 8 月 7 日受审。"必须以闪电般的速度对他们进行审判,"希特勒怒气冲冲地说,"不要给他们任何机会发表长篇大论。他们不会有被枪杀的荣幸。"他接着说,"我要像对待普通的叛徒一样绞死他们,然后把他们像被宰杀的牲畜那样吊起来。"

弗赖斯勒迅速地判决了这些被告。第二天,他们被带到普勒岑西监狱的一个小房间里,天花板的横梁上挂着一排肉钩子。肉钩子上挂着纤细但很牢固的绞索。每个被处绞刑的人被吊离地面,靠着自身的重量被绞死。一个摄像组把整个过程都拍了下来,然后派信使把胶片送到"狼穴"请希特勒过目。总共大约有 200 人——大多数是陆军军官——被审讯和处决。在德国的其他地方,还有几十个人甚至没有走审判的过场就被绞死、砍头或枪杀。

遭受酷刑的中路集团军群的军官法比安·冯·施拉布伦多夫是幸存下来的不多的几个政变者之一。在拖延了几次之后,对他的审讯安排在 1945 年 2 月 3 日,同一天，袭击德国首都的盟军轰炸机击中了人民法庭。被炸死的人里有弗赖斯勒法官。施拉布伦多夫毫发未损。后来他被送往弗洛森堡集中营枪杀，但是美国军队的逼近迫使集中营长官不得不转移囚犯。施拉布伦多夫被送到了达豪集中营，最后又到了南蒂洛尔，在那里盟军在大战即将结束时把他保护了起来。

希特勒冷酷无情的报复行为在德国处境最艰难的时刻削弱了军队。缺乏经验的拥护者取代了身为非纳粹党员因而不受重用的沙场老将。所有的参谋人员都被要求花费宝贵的时间给下属灌输政治教条。自觉自愿的希特勒式敬礼也被强制规定为"军队对元首不可动摇的忠诚以及军队和纳粹党精诚团结的标志"。通过这样的融合，在一个始终认为自己多次逃脱一死的事实只是"印证了上帝授予我的使命"的人带领下，德国军队、纳粹党和德国最终走向了毁灭。

隆美尔的送葬队伍经过乌尔姆古城的城门，他的尸体最初停放在附近的家里。

为倒下的英雄
举行掩人耳目的国葬

纳粹党人的世故和精明最大限度地反映在埃尔温·隆美尔陆军元帅——德国的英雄和希特勒最器重的人之一——的葬礼上。在牵连进——至少是间接地——7月20日反希特勒的政变后，隆美尔被逼自杀。为了掩盖隆美尔的死亡真相，纳粹政府在他死后举行了堪与瓦格纳战士媲美的国葬。

隆美尔的死亡经过了同样周密的策划。1944年10月，希特勒派两位将军和一队党卫队特工前往隆美尔在乌尔姆附近的家，他在诺曼底战役中头部负伤，当时

正在家里养伤。两位军官让隆美尔做出选择：或者到人民法庭受审，然后处决；或者吃毒药。如果他选择后者——在表面上仍保持对希特勒的忠诚——他的家人将免遭牵连。为了保护妻子露西和儿子曼弗雷德，隆美尔吞下了一颗剧毒胶囊。他的尸体被送往医院，两位军官在那里宣布他死于旧伤复发。

安排了隆美尔的死亡之后，希特勒下令举行盛大的军人国葬。人群中的一个年轻人拍摄了此页和下一页的照片。武装部队各个兵种的军官和仪仗队乘坐专列来到了乌尔姆。隆美尔在西线的上级格尔德·冯·伦德施泰特陆军元帅代表元首参加了葬礼，元首送来了一个巨大的花圈。

对明白真相的隆美尔家人来说，最痛苦的莫过于看到希特勒、戈林和其他纳粹高层官员的悼词。曼弗雷德·隆美尔写道："整个过程中最卑劣的部分是我们收到的表示同情的悼词。"——哀悼的人恰恰就是害死他父亲的人。

225

上图　乌尔姆市政大厅外，可能不了解同事死亡真相的伦德施泰特陆军元帅和隆美尔的遗孀一起等候送葬队伍的到来。

下图　仪式过后，身穿军装的护柩人抬出隆美尔的棺材，上面装饰着没有参加葬礼的希特勒送来的巨大花圈。

覆盖着国旗的棺材上令人心痛地放置着隆美尔的头盔和两年前希特勒授予他的陆军元帅权杖。棺材按照传统的军人葬礼仪式搁在炮车架上运走。

逆境中的伙伴

巧合的是，1944 年 7 月 20 日，阿道夫·希特勒遇刺的那一天，他在"狼穴"迎来的尊贵客人是四面受敌的盟友贝尼托·墨索里尼。令人奇怪的是，两个独裁者长期保持着友好的关系。1922 年，希特勒崛起前 10 年，墨索里尼在意大利上台，希特勒在《我的奋斗》中把这位领袖敬称为法西斯之父，"古往今来最孤独的人之一，他们无须接受历史的考验，因为他们自己就是历史的创造者"。

尽管他们信仰相同的意识形态，这两位领导人并不非常匹配。胸肌发达的墨索里尼身穿剪裁合体的名贵军装，气度不凡。而希特勒刚好相反，他身材一般，穿着普通，有点相形见绌。领袖墨索里尼喜欢社交，性格开朗，爱穿华贵的服饰，堪称近代的恺撒。而希特勒却过着斯巴达人的简朴生活。他沉默寡言，局促不安，喜欢长篇大论的独白，却很少带有在大众面前演讲时的激情。

在他们交往的早期，墨索里尼把希特勒当成一个受神感召但有智力障碍的人，需要他屈尊呵护。"希特勒对墨索里尼的崇拜之情非常明显，"墨索里尼的妻子回忆说，"但是我丈夫对希特勒并不十分欣赏。"墨索里尼曾经贬斥希特勒是一个"头脑糊涂的家伙"，他的政治理论"毫无逻辑可言"。领袖把意大利与德意志帝国的结盟看成权宜之计，对柏林取代罗马成为世界法西斯主义的总部深表痛恨。

1944 年夏天，墨索里尼的命运急转直下。一年前他被废黜，新成立的意大利政府不仅逮捕了他，还与同盟国签订了停战协定，向德国宣战。党卫队突击队员把墨索里尼从关押他的深山牢狱里救了出来，扶持他做了意大利北部政权的傀儡首领。此时 61 岁的墨索里尼已经失去了过去的气魄和活力，他来到"狼穴"向资历比他浅的轴心国盟友寻求小恩小惠，而这位盟友却在这一天感觉到自己的生命随时都会被死神带走。

东普鲁士拉斯滕堡的火车站月台上，希特勒与墨索里尼轻松愉快地交谈。此时距希特勒在一次谋杀行动中受伤仅3小时。

一个助手在展示被弹片撕成碎条的军裤，军裤的主人是一个在爆炸中受伤的军官。

死里逃生
之后的残骸

　　阿道夫·希特勒在拉斯滕堡见到贝托尼·墨索里尼之后的第一句话便是"领袖，一架可恶的机器刚刚向我发动了攻击"。虽然他受伤的右臂稍微有点发颤，他的耳朵里也塞着棉球，这位德国领导人仍然坚持要带来访的客人参观"狼穴"被炸毁的会议室。

　　希特勒向客人展示自己被燎伤的头皮和炸成碎片的军裤，他看上去兴致勃勃，就像是战场上的幸存者。"瞧一瞧我的军装！瞧一瞧我的烧伤！"他喊道。当墨索里尼对竟然有人能够活下来表示惊讶时，希特勒对他的盟友保证说，他的幸免于难预示着"我们共同的事业"将取得胜利。元首的信心极有感染力。"这是天意，"墨索里尼说，"今天在这里发生的事情又让我鼓起了勇气。"

右图　领袖在参观被炸毁的会议室时惊愕万分。一个在场的军官说："墨索里尼真是吓坏了。他不明白这样的事情怎么可能发生。"

希特勒与海因里希·希姆莱交谈，墨索里尼和戈林
紧随其后。

在拉斯滕堡火车站，帝国元帅戈林和外交部部长里宾特洛甫注视着希特勒和墨索里尼话别。

情绪激动的离别

　　德国代表团和意大利代表团的会见持续了大约一个小时，希特勒的情绪变化不定，他时而忧郁不语，时而气愤地咒骂那些背叛他的人。赫尔曼·戈林和约阿希姆·冯·里宾特洛甫——戈林讥笑他是"卑鄙的香槟酒小商贩"——之间的敌意和争端也影响了这次会见的气氛。

　　不过，墨索里尼的到来显然让希特勒感到莫大的安慰，他一个劲地强调自己对法西斯领袖的仰慕之情和两人之间持久的友谊。他的感情也得到了回应。"如果我有一个朋友的话，"墨索里尼声称，"我会和他携手前进，战斗到底。"

　　晚上7点钟，希特勒陪同墨索里尼一行登上列车，列车将把这位以前的意大利铁腕人物向南带向一个不可知的未来。希特勒举起没有受伤的左胳膊，抓住了盟友的手，流露出难得一见的个人感情。"我知道我完全可以信赖你，"希特勒说，"也请你相信我，当我说我把你当成是我在这个世界上最好的、可能也是唯一的朋友。"这是他们两人最后一次见面了。

图书在版编目 (CIP) 数据

权力的中心 / 美国时代生活编辑部编；石平萍译
. -- 修订本 . -- 海口：海南出版社，2015.1（2022.6 重印）
（第三帝国）

书名原文：The third reich:The center of the
web

ISBN 978-7-5443-5802-6

Ⅰ.①权… Ⅱ.①美…②石… Ⅲ.①希特勒，A.（
1889～1945）- 生平事迹 Ⅳ.① K835.167=5

中国版本图书馆 CIP 数据核字 (2014) 第 271484 号

第三帝国：权力的中心（修订本）
DISAN DIGUO : QUANLI DE ZHONGXIN (XIUDINGBEN)

作　　者：美国时代生活编辑部
译　　者：石平萍
选题策划：李继勇
责任编辑：张　雪
责任印制：杨　程
印刷装订：北京兰星球彩色印刷有限公司
读者服务：唐雪飞
出版发行：海南出版社
总社地址：海口市金盘开发区建设三横路 2 号
邮　　编：570216
北京地址：北京市朝阳区黄厂路 3 号院 7 号楼 102 室
电　　话：0898-66812392 010-87336670
电子邮箱：hnbook@263.net
经　　销：全国新华书店经销
版　　次：2015 年 1 月第 1 版
印　　次：2022 年 6 月第 2 次印刷
开　　本：787mm×1092mm　1/16
印　　张：14.75
字　　数：180 千
书　　号：ISBN 978-7-5443-5802-6
定　　价：45.00 元